RAPPORT

A LA COMMISSION D'ENQUÊTE

SUR LA PERCEPTION DU DROIT DE PASSAGE DES NAVIRES

TRAVERSANT LE CANAL

PARIS

IMPRIMERIE CENTRALE DES CHEMINS DE FER

A. CHAIX ET Cie

RUE BERGÈRE, 20, PRÈS DU BOULEVARD MONTMARTRE

1871

COMPAGNIE UNIVERSELLE DU CANAL MARITIME DE SUEZ.

RAPPORT

A LA COMMISSION D'ENQUÊTE

SUR LA PERCEPTION DU DROIT DE PASSAGE DES NAVIRES TRAVERSANT LE CANAL.

Une question très-considérable préoccupe en ce moment le Conseil d'administration et les porteurs des titres de la Compagnie du Canal de Suez.

Il s'agit d'examiner et de déterminer,

En droit :

Quelles sont la mesure et la nature légale des droits et avantages institués, au point de vue du transit, par les actes de concession en faveur de la Compagnie ;

Quelles sont les charges et obligations que ces mêmes actes lui imposent dans l'intérêt du commerce général ;

En fait :

Si le mode actuellement appliqué pour la perception des droits de passage dans le Canal maritime de Suez, est conforme aux diverses prescriptions obligatoires du statut souverain, constitution et condition d'être de l'entreprise;

Si ce mode de perception ne porte pas une profonde atteinte aux recettes légitimes du Canal;

Si, d'accord avec les véritables intérêts du commerce universel, il maintient, comme il doit le faire, l'égalité, c'est-à-dire la loyauté et la réalité de la concurrence soit entre les divers pavillons, soit entre les nationaux de même pavillon;

Et enfin, s'il y a lieu de rechercher et d'organiser un mode de perception légal plus utile à tous les intérêts légitimes.

I

NATURE ET MESURE DES DROITS ET OBLIGATIONS DE LA COMPAGNIE.

La concession avait pour objet la création de la route d'eau continue la plus courte pour la navigation et le commerce entre l'Occident et l'Orient.

Pour atteindre son but, le Gouvernement, auteur de la concession, devait nécessairement déclarer, aux nombreux capitaux qu'il appelait aux risques de l'entreprise, assurer et arrêter, *ne varientur*, les conditions auxquelles il attachait leur juste et nécessaire rémunération.

C'est ce qu'il a définitivement et souverainement réglé par l'article 17 du « Firman de concession et » cahier des charges pour la construction et l'*ex-* » *ploitation* du Canal maritime de Suez et dépen- » dances. » (5 janvier 1856.)

Aux termes de cet article, la Compagnie est autorisée :

A établir et à percevoir, pendant toute la durée de sa jouissance, pour le passage dans ses canaux et ports, des droits de navigation, de pilotage, de remorquage, de hâlage et de stationnement, suivant des tarifs qu'elle pourra modifier à toute époque;

Elle devra percevoir ces droits, sans aucune exception ni faveur, sur tous les navires, dans des conditions identiques;

Elle publiera les tarifs trois mois avant leur mise en vigueur;

La fixation des droits à établir et à percevoir sur le remorquage, le pilotage, etc., etc., est abandonnée à la discrétion de la Compagnie;

Mais le droit de navigation est un droit spécial. Il est fixé par tonne de capacité des navires et par tête de passager à un maximum de dix (10) francs.

Dans cette seule limite de la perception devant s'exercer sur la tonne de capacité et par tête de passager, l'Administration de la Compagnie est maîtresse de l'échelle de ses tarifs.

Elle est maîtresse de réduire le droit de navigation au-dessous du maximum de 10 francs, mais elle n'est pas maîtresse de percevoir le prix de son tarif sur autre chose que sur la *tonne de capacité des navires.*

La tonne de capacité est l'unité établie pour le droit de perception.

La tonne de capacité multipliée par la capacité totale du navire, c'est-à-dire la capacité réelle du navire vide ou plein, comme base de la perception du droit, telle est la loi qui lie la Compagnie envers la navigation, la navigation envers la Compagnie. Nul Conseil d'administration n'y peut déroger, personne ne s'y peut soustraire.

Le droit de 10 francs adopté par le Conseil d'administration est donc dû en raison de la capacité seule, sans considérer le vide ou le plein dans la cargaison du navire. C'est le principe reconnu, pratiqué sans réclamation, sans interruption par la Compagnie et par le commerce depuis le jour de l'ouverture du Canal. Les navires, en tout état de chargement, pleins, demi-pleins, vides, sur lest, ont toujours et tous payé uniformément le droit de passage de 10 francs.

Faisons observer qu'à l'époque de la concession, ce droit maximum de 10 francs, imposé à la navigation, était calculé sur une dépense maxima de 200 millions à laquelle les ingénieurs et les membres illustres et si compétens de la Commission internationale évaluaient les frais de construction du Canal. Par suite des oppositions, des difficultés de toute espèce accumulées sur le chemin de l'entreprise, au lieu de 200 millions elle en a dépensé près de 500. La Compagnie a été obligée d'emprunter 100 millions qui grèvent pendant cinquante ans ses recettes d'une dette annuelle de 10 millions. Elle vient d'émettre un second emprunt de 20 millions la grévant pendant 30 ans, pour intérêts et amortissement, d'une nouvelle dette annuelle de 2 millions. Les frais généraux d'administration et d'entretien du Canal lui coûtent 5 millions 1/2. Ses charges obligatoires se montent, par conséquent, à 17 millions 1/2 au minimum avant qu'elle puisse distribuer un centime à ses actionnaires. Pour atteindre le mince résultat d'assurer au capital social la très-modeste rémunération de 5 0/0, c'est un revenu d'au moins 27 millions 1/2 qui lui est nécessaire. Par ces incontestables raisons, le droit de 10 francs par tonne de capacité, *maximum* raisonnable et logique en 1856, est devenu un *minimum* indispensable en 1871.

II

CHARGES ET OBLIGATIONS DE LA COMPAGNIE ENVERS LE COMMERCE GÉNÉRAL.

L'entreprise du Canal a une gloire que nul ne peut lui dénier. C'est la gloire d'avoir la première introduit et institué dans son sein, comme sa condition d'existence, le principe de la liberté et de l'égalité absolues de la concurrence.

Ce principe, il est tellement dans l'essence de la concession, qu'il est stipulé en quatre articles différents dans les deux actes qui la constituent. (30 novembre 1854 — 5 janvier 1856).

Premier acte de concession.

Art. 6:

« Les tarifs des droits de passage du Canal de » Suez *concertés entre la Compagnie et le Vice-Roi et* » *perçus par les agents de la Compagnie, seront toujours* » *égaux pour toutes les nations;* aucun avantage » particulier ne pouvant jamais être stipulé au pro- » fit exclusif d'aucune d'elles. »

Deuxième acte de concession :

Art. 14 :

» Nous déclarons solennellement, pour nous et » nos successeurs, le grand Canal maritime de Suez » et les ports en dépendant ouverts à toujours » comme passage neutre à tous navires de com- » merce traversant d'une mer à l'autre, sans aucune » distinction, exclusion ni préférence de personnes » ou de nationalités, moyennant le *paiement des* » *droits et l'exécution des règlements établis par la* » *Compagnie universelle concessionnaire pour l'usage* » *dudit Canal et dépendances* (1). »

Art. 15:

« En conséquence du principe posé dans l'article

(1) Il est essentiel de faire observer que, par cet article, la Compagnie est autorisée à interdire le passage du Canal à tout navire qui se refuserait au paiement des droits et à l'exécution des règlements qu'elle aurait établis.

» précédent, la Compagnie universelle concessionnaire ne pourra, *dans aucun cas*, accorder à aucun » navire, compagnie ou particulier, *aucuns avantages ou faveurs qui ne soient accordés à tous autres » navires, compagnies ou particuliers*, dans les mêmes » conditions. »

Nous avons analysé plus haut l'article 17, et nous avons à peine besoin de rappeler qu'il a mis à l'autorisation de l'établissement des droits, pour première condition expresse, l'obligation « de percevoir ces » droits sans aucunes exceptions ni faveurs sur » tous les navires dans, des conditions identiques. »

Chacun des textes cités est d'une très-grande importance pour achever de définir la situation légale, c'est-à-dire les droits et obligations de la Compagnie à l'égard des tiers.

En ce qui concerne ses droits :

Faculté *discrétionnaire* d'établir le péage à percevoir sur le pilotage, remorquage, halage ou stationnement des navires traversant le Canal (art. 17);

Perception d'un droit de navigation *spécial* de 10 francs, au maximum, par tonne de *capacité* (art. 17) ;

Pouvoir dévolu à la Compagnie d'établir des règlements pour le transit par le Canal, et obligation pour les navires de s'y conformer (art. 14);

Pouvoir de modifier ses tarifs à toutes les époques, dans les limites du maximum ci-dessus énoncé (art. 17).

En ce qui concerne les tiers :

Obligation de la Compagnie de ne point percevoir des tarifs sans les avoir fait publier trois mois à l'avance dans les capitales et les principaux ports de commerce des pays intéressés (art. 17) ;

Obligation étroite d'ouvrir à toujours le passage à tous navires de commerce transitant d'une mer à l'autre, sans aucune distinction, exclusion, ni préférence de personnes et de nationalités (art. 14) ;

Obligation de maintenir l'égalité des droits perçus entre toutes les nations, toutes les compagnies, tous les particuliers, de n'accorder *dans aucun cas, à qui que ce soit,* aucuns avantages ou faveurs qui ne soient accordés à tous autres (art. 15 et 17).

Les droits réciproques, les droits et obligations de la Compagnie, les droits et obligations des tiers étant bien constatés, nous allons procéder à les confronter avec les faits.

III

LES FAITS.

Les précédents de la question : le tonnage.

Il y a parmi les nations maritimes à peu près autant de diversités de tonnage que de pavillons, et sous chaque pavillon presque autant de variétés de tonnage que de navires.

Le tonnage d'un navire est le résultat d'un mesurage, dit *jaugeage*, qui devrait être la constatation exacte et sincère de la capacité de transport de ces navires. Malheureusement il n'en est rien. Si, d'après un subtil diplomate, la parole a été donnée à l'homme pour déguiser sa pensée, on serait tenté de croire, à la façon dont les choses se passent, que le jaugeage a été créé pour dissimuler le vrai tonnage.

De notoriété commerciale, il n'est pas un navire qui n'ait un tonnage supérieur à son jaugeage.

Il existe aujourd'hui trois espèces ou dénominations de tonnage :

Le tonnage *réel* ;

Le tonnage *brut ;*

Le tonnage *net.*

Le système du tonnage *réel* semblerait le plus simple et le plus rationnel. Il consiste à connaître la capacité du navire par la quantité de marchandises qu'il porte quand il est plein.

Le tonnage *brut* est la conclusion d'une opération par laquelle, au moyen d'un certain nombre de mesurages partiels indiqués d'avance pour tous les navires et divisés par une formule mathématique, un agent du Gouvernement national détermine en tonnes de convention la contenance du navire.

Cette sorte de certificat gouvernemental n'engage en rien ni les gouvernements étrangers, ni les particuliers, ni les compagnies, ni les municipalités de villes maritimes ayant pouvoir d'établir des péages, ni les gouvernements eux-mêmes ayant délivré ces certificats. Ces gouvernements seraient très-étonnés qu'un navire prétendît acquitter les droits de douane sur les marchandises dont il est chargé, conformément à leur propre déclaration de jaugeage.

Le tonnage *brut* est toujours et partout inférieur au tonnage *réel.*

Voici ce que contient à cet égard une lettre en date du 12 janvier 1870, écrite des bureaux de l'exploitation de la Compagnie à Paris, et adressée, pour son instruction et sur la position de la question par ce fonctionnaire, au chancelier du consulat de France à Newcastle :

« En adoptant le tonnage brut, la Compagnie fait » une faveur au commerce, puisque son acte de con- » cession lui donne le droit de percevoir sur le ton- » neau de capacité, c'est-à-dire *sur le tonneau réel* » qui, vous ne l'ignorez pas, est ordinairement *su-* » *périeur d'au moins un tiers sur le tonnage officiel* » *brut.* »

Cette même observation est adressée le 27 du même mois à un armateur de Londres, la maison Edw. de Mattos et Ce.

Sur le résultat du mode des jaugeages, voici encore comment s'exprime notre même bureau d'exploitation, dans une lettre adressée par la Compagnie à M. le ministre des Affaires étrangères, le 15 septembre 1869 :

« Les formes des navires se sont transformées à » un tel point depuis que les diverses formules de » jaugeage ont été arrêtées, que deux navires de » même capacité, jaugés suivant la même formule, » donneraient des résultats différents. »

Nous pourrions multiplier les témoignages dans

le même sens ; mais ce n'est pas encore le moment, et il faut nous borner. Un dernier fait seulement :

En 1868, dans une discussion élevée au sein de l'Institut des ingénieurs de Glasgow, à propos d'un nouveau projet de jaugeage soumis au Parlement, un des membres, M. Symons, constructeur de la marine, déclara :

Qu'il avait reçu d'un armateur l'ordre de construire un bateau de nature à lui faire obtenir la moindre jauge possible. L'ordre fut exécuté, et le navire, portant réellement trois cents (300) tonnes, fut jaugé en douane à *soixante et dix-sept*(77) tonnes.

Le *tonnage net* est, de tous les modes de jaugeage, le plus arbitraire et le plus fictif. Il est un moyen de réduire le tonnage brut, qui est lui-même une réduction sensible du tonnage réel. Il a pour objet apparent de ramener la capacité totale du navire à sa capacité utile, c'est-à-dire à la capacité qui peut être employée pour le transport des marchandises. Il s'applique exclusivement aux navires à vapeur, et s'opère en déduisant du tonnage brut un espace évalué discrétionnairement, on peut le dire, pour les emplacements occupés par la machine, par les provisions de charbon, etc., etc. On comprend toute l'élasticité que comporte une semblable évaluation. Après avoir passé par le crible du jaugeage brut et puis du jaugeage net, le tonnage réel éprouve une diminution qui n'est pas moindre de 50 à 60 0/0. Plus loin, nous aurons à en fournir des preuves abondantes et authentiques.

Dès le mois de janvier 1870, la Compagnie en avait dans les mains un exemple saisissant. A cette époque, elle fut dans le cas de rembourser à 6 navires à vapeur anglais la différence de perception entre le brut et le net.

Leur tonnage brut était de.........	6,985 T.
Leur tonnage net était de..........	4,659
Différence................	2,326 T.

ou juste une perte de 50 0/0 sur la recette réalisée.

Pour nous résumer en quelques mots sur la vérité de ces choses, il n'y a pas un armateur au monde qui consentît et qui pût consentir, sans se ruiner, à fréter son navire sur le pied du tonnage net.

Ce n'est pas tout. Si le tonnage officiel des navires fourmille de variations dans le jaugeage général, il n'est ni plus régulier, ni plus comparativement exact, si on le considère à l'égard du tonneau comme unité. Par exemple, la mesure du tonneau n'est pas la même en Grèce qu'en Autriche, en Autriche qu'en France, en France qu'en Angleterre, en Angleterre qu'aux États-Unis. Elle est tantôt inférieure comme en Grèce et en Autriche, en France, tantôt supérieure comme en Angleterre et aux États-Unis. Cette anomalie a été décrite et signalée en ces termes par la Compagnie, dans une lettre adressée à M. le ministre des Affaires étrangères, en date du 15 septembre 1869 :

« Les divers modes employés par les diverses » nations maritimes pour établir officiellement le » jaugeage des navires sont si différents entre eux, » que tel bâtiment qui jauge 300 tonnes en France,

» ne serait jaugé que 250 tonnes en Angleterre et
» 150 à 200 tonnes en Amérique, suivant le cas. »

Le ministre répond — 28 février 1870 :

« Je reconnais, Monsieur, que pour le passage » du canal de Suez, la marine française se trouve » placée vis-à-vis *de la marine anglaise, comme de* » *plusieurs autres marines*, dans une situation » regrettable d'infériorité, du moment où la Compa- » gnie perçoit le droit de transit et les taxes acces- » soires *d'après le tonnage indiqué par les papiers de* » *bord*. On obtient, en effet, par le mode anglais de » jaugeage, un nombre de tonneaux moindre que par » la méthode française ; et, d'après des évaluations » que je crois exactes, un navire français de » 1,000 tonneaux paie — pour transiter par le » canal — à 10 francs par tonneau, 332 fr. 20 c. » de plus que ce que paie un navire anglais de » même capacité. »

Il est donc dès à présent avéré que le jaugeage international, tel qu'il se pratique, est le désordre et l'anarchie, une confusion inextricable constituant un état de choses qu'aux termes d'une lettre précédente du même ministre (16 octobre), « il était impossible de maintenir plus longtemps. »

Toutes ces constatations démontrent également la sagesse, la prévoyance, la nécessité des dispositions qui, concertées entre le vice-roi et le Président de la Compagnie, constituent le tonneau de capacité, c'est-à-dire le tonnage réel du navire, comme la base de la perception du droit de passage ; elles attestent en même temps le droit de la Compagnie à maintenir intégralement ces dispositions, ou d'y revenir si elles ont été négligées. Pourtant c'est sur le tonnage net que les droits sont encore perçus à cette heure. Par quels motifs, dans quelles circonstances ? C'est ce que nous avons maintenant à rechercher.

Dès 1868, M. le Président-Directeur de la Compagnie avait eu soin de former une commission composée d'hommes investis d'une haute autorité scientifique et d'une grande compétence pratique, chargée « d'examiner les conditions de l'exploitation du « Canal. »

En ce qui concerne le mode de péage sur le Canal, comme sur toutes les autres questions à traiter, ses résolutions formèrent un règlement de navigation qui fut imprimé et promulgué par la Compagnie, le 17 août 1869. L'article 11 de ce règlement est ainsi conçu :

« Les droits à payer sont calculés *sur le tonnage* » *réel des navires*, quant au droit de transit, de » remorquage et de stationnement.

» Le tonnage est déterminé, *jusqu'à nouvel ordre*, » d'après les papiers officiels du bord ».

Il est à coup sûr impossible de poser plus nettement la base du droit de transit. Cette base, c'est le tonneau réel ou la tonne de capacité.

Le second paragraphe exige plus d'explications. Il s'agissait de savoir comment, en face de cette confusion de tous les tonnages, les agents chargés de la perception reconnaîtraient le tonnage réel, et c'était là sans contredit une difficulté pour la commission. Elle s'occupa de choisir un tonneau type auquel elle ramènerait proportionnellement toutes les diversités des tonnages. Au milieu de ces recherches, un membre important et des mieux placés pour être bien informé, annonça à ses collègues qu'une négociation sérieuse et déjà très-avancée, était engagée entre le Gouvernement français et les Gouvernements étrangers, pour former une commission internationale ayant pour objet d'établir l'unité du tonnage entre toutes les nations. Le ministre de la Marine avait même délégué à cet effet un de ses officiers, et on pouvait espérer qu'avant un an cette question serait résolue par un arrangement général. La commission crut devoir s'arrêter devant cette perspective, et c'est alors que, comme simple mesure provisoire et jusqu'à nouvel ordre, il fut décidé que les droits seraient perçus par la Compagnie sur le tonnage officiel, d'après les papiers officiels du bord. C'est dans ces termes que le règlement de navigation du 17 août 1869 fut soumis, le 10 du même mois, conformément à l'article 34 des statuts, à l'examen préalable et au vote approbatif du Conseil d'administration, qui l'adopta à l'unanimité.

Trois mois après, conformément à l'article 17 du second acte de concession, ce tarif était mis en vigueur. En conséquence, le droit de transit était prélevé par les percepteurs de la Compagnie sur le tonnage officiel.

Un nouveau règlement de navigation fut promulgué le 1er février 1870, et l'article 11 s'y exprime de la façon suivante :

« Les péages sont calculés sur le tonnage réel des

» navires, quant aux droits de transit et aux frais » de remorquage et de stationnement.

» Le tonnage est déterminé, jusqu'à nouvel ordre, » d'après les papiers officiels du bord.

« Pour les *steamer*, la perception se fait d'après » le tonnage officiel *net* (non compris l'espace oc- » cupé par les machines). »

IV

LE MODE DE PERCEPTION ACTUELLEMENT ADOPTÉ PAR LA COMPAGNIE NE PORTE-T-IL PAS UNE PROFONDE ATTEINTE AUX RECETTES LÉGITIMES DU CANAL ?

Pour toute personne ayant la plus légère notion du sujet, poser la question c'est la résoudre.

Il est évident que la perception d'après le tonnage *net* est nécessairement moindre que d'après le tonnage brut, moindre aussi que d'après la contenance du navire.

La question ici, dès-lors, n'est plus de savoir si ce mode de perception réduit les recettes légitimes du Canal, ce qui est l'évidence, mais de vérifier dans quelle mesure il les réduit, et même s'il ne les compromet pas dans leur principe et dans leur source.

Depuis le commencement de cette année, l'Administration de la Compagnie publie les tableaux du mouvement du transit dans le Canal maritime de Suez, tableaux contenant les trois éléments essentiels de cette étude. Ils donnent lieu à la division suivante :

1° Tonnage net de tous les navires qui ont transité et qui ont payé 10 francs par tonneau, en raison de ce tonnage net, quel que fût d'ailleurs leur chargement réel ;

2° Navires ayant déclaré un chargement réel supérieur à leur tonnage net;

3° Navires ayant déclaré un chargement réel audessous de leur tonnage net, ou s'étant bornés à constater par leurs papiers de bord leur tonnage net, sans déclarer leur chargement réel.

Voici le résumé de ces tableaux, dans l'ordre que nous venons d'indiquer :

1° Navires ayant payé le droit de 10 francs sur leur tonnage officiel net, quel que fût leur chargement réel :

Janvier,	74	navires,	d'un tonnage net de	65.230	tonn.
Février	70	»	»	64.403	
Mars	68	»	»	73.210	
Avril	55	»	»	54.188	
Mai	49	»	»	51.037	
Juin	45	»	»	43.141	
	361	»		351.229	tonn.

2° Navires qui, parmi les 361 figurant dans le tableau précédent, ont déclaré un chargement réel supérieur à leur tonnage net, tout en payant le droit en raison de leur tonnage net :

			Tonnage Officiel net.	Chargement déclaré.
Janvier....	35	navires......T.	32.336	51.256
Février....	42	»	43.226	66.972
Mars......	45	»	49.100	74.800
Avril......	34	»	36.328	57.147
Mai........	29	»	29.191	48.522
Juin.......	30	»	30.392	46.092
	215	navires......	220.573	344.789

3° Navires ayant déclaré un chargement inférieur au tonnage net, ou dont le tonnage net est seul mentionné :

Janvier.	39	navires	d'un tonnage	net de T.	32.894
Février.	28	»	»	»	21.177
Mars....	23	»	»	»	24.110
Avril...	21	»	»	»	17.860
Mai.....	20	»	»	»	21.846
Juin....	15	»	»	»	12.749
	146	navires..................		T.	130.656

De ces tableaux il résulte :

Que 361 navires ont traversé le Canal pendant le 1er semestre de 1871 ; leur tonnage net s'est élevé à un total de 351,209 tonneaux, moyenne par navire, 973 tonneaux. Ils ont payé, au droit de 10 francs par tonneau, 3,512,090 francs, soit une moyenne par navire de 9,730 francs.

Sur ces 361 navires, 215 représentent ensemble un tonnage net de 220,573 tonneaux, moyenne par navire, 1,025 tonneaux. Ils ont fait transiter dans le Canal, conformément à leurs propres déclarations, 344,789 tonneaux, moyenne par navire 1,603 tonneaux. Par conséquent, n'ayant acquitté le droit que sur leur tonnage net de 220,573 tonneaux, ils ont fait passer en franchise 124,216 tonneaux effectifs, ou 56 0/0 de leur cargaison réelle.

En raison de son chargement réel, chacun de ces 215 navires eût dû payer, en moyenne, 16,030 fr. Par l'effet de la perception au tonnage net, chacun d'eux n'a payé, en moyenne, que 10,250 francs.

La différence du tonnage officiel net au chargement réel, se solde, pour ces 215 navires, en une perte de 1,242,160 francs, pour le droit de navigation seulement, sans tenir compte de plusieurs taxes accessoires qui s'acquittent en raison de l'importance du tonnage.

Le troisième tableau donne lieu à d'autres observations non moins attristantes. Il se compose de 146 navires formant, au tonnage officiel perçu, 130,656 tonneaux; moyenne par navire, 892 tonneaux.

Qu'auraient donné de recettes 146 navires soumis, pleins ou non pleins, au péage, selon leur tonnage de capacité, aux termes de la loi statutaire?

Nous venons de voir qu'entre le tonnage net et la capacité réelle du navire, il existe en moyenne un écart de 56 0/0 au minimum. Au tonnage réel donc, les 146 navires eussent acquitté le droit de 10 francs par tonne, non sur 130,656 tonneaux, mais sur ce nombre augmenté d'une plus value de 56 0/0, soit sur 203,823 tonneaux.

Le tonnage sur lequel les droits auraient dû être perçus dans le premier semestre de 1871, à propos du passage des 361 navires, si l'on s'était tenu aux prescriptions des contrats, serait donc celui-ci :

Tonnage des 215 navires dont le chargement a été déclaré. . . . . T.	344.789
Tonnage de capacité de 146 navires dont le tonnage réel est resté inconnu	203.823
	548.612

Cette perception légitime aurait donc produit une recette de . . . . Fr.	5.486.120
Le tonnage net de la totalité de 361 navires a donné, à 10 francs.	3.512.090
Perte pour le semestre. . . . . . Fr.	1.974.030

ou près des 3/5 de la recette réalisée.

Encore, en ce qui concerne les chargements déclarés, ne faudrait-il pas croire que les déclarations soient l'expression complète de la capacité du navire ou de sa faculté de contenance. Nous en aurons tout à l'heure un témoignage, et nous verrons que même quand un navire porte au delà de son tonnage brut, ce n'est pas une raison pour qu'il soit arrivé à la plénitude de son chargement.

Cependant, nous sommes loin d'être au bout des moyens par lesquels s'atténuent nos recettes, grâce à notre règlement de navigation. Les variations que nous avons déjà signalées dans l'unité du tonneau constituent contre la Compagnie un nouveau préjudice.

Il faut se rappeler, en effet, que le droit de passage se prélève sur plusieurs variantes de tonneau comme unité. Nous avons la tonne française, la tonne anglaise, la tonne américaine et plusieurs autres que nous n'énumérerons pas ici, et entre lesquelles existe un écart très-sensible sur lequel nous aurons à insister plus tard.

Il n'y a donc, à coup sûr, que modération à porter au-dessus de 50 0/0 de la recette réalisée le dommage causé à la Compagnie par le mode de perception actuel. Les preuves en abondent déjà ; nous allons les accumuler encore.

Nous avons enregistré la déclaration du bureau de l'exploitation de la Compagnie, faisant observer que, entre le tonnage brut et le tonnage réel, il y avait un tiers au moins d'écart. Un autre témoignage semblable nous a dit qu'il y avait un tiers aussi dans la différence du tonnage net au tonnage brut. Nous allons voir ce fait mis en évidence et constaté par les actes même de la Compagnie.

A la fin de janvier 1870, des réclamations avaient été adressées à la Compagnie par des armateurs anglais, représentant qu'on leur faisait payer le tonnage brut, parce que leurs papiers officiels déclaraient ce tonnage, tandis que les bâtiments français, par exemple, ne payaient que le tonnage net, par le motif que leurs papiers officiels constataient ce seul tonnage. En conséquence, ils se croyaient en droit, vu les termes de la concession, d'obtenir le même traitement.

Leur requête fut admise, leur décompte fut dressé, et en voici le texte :

« COMPAGNIE UNIVERSELLE DU CANAL DE SUEZ

« *Service de l'exploitation.*

« *État des navires qui ont acquitté les droits de » transit sur le tonnage brut, et dont la différence avec » le tonnage net a été remboursée aux armateurs :*

Navires.	*Tonnage brut.*	*Tonnage net.*	*Différence en moins.*
Shepperton	1.032	666	366
Woodham	1.037	648	389
Shantung	1.521	907	614
Liverington	1.052	679	373
Chu-Kiang	1.008	636	372
Calypso	1.335	1.123	212
	6.985	4.659	2.326

» La somme remboursée aux armateurs s'est élevée » à 23,260 francs. »

Il ressort clairement de ces chiffres que le rapport entre le tonnage brut et le tonnage net est bien d'un tiers, et qu'il est de moitié relativement à la recette réalisée.

La différence 2,326 tonnes est bien le tiers de 6,985, et ce tiers lui-même est la moitié du tonnage net 4,659. Le droit perçu sur le tonnage brut avait été de 69,850 francs ; le droit à percevoir sur le tonnage net descendait à 46,590 francs. La somme remboursée été a de 23,260 francs. Elle est bien le tiers de 69,850 francs, et la moitié de celle de 46,590 francs définitivement encaissée.

En ce qui touche cette même différence entre le tonnage brut et le tonnage net, nous allons la trouver avec plus d'autorité encore, non point dans un groupe de six navires, mais dans le groupe total de la navigation à vapeur de l'Angleterre.

En 1869, un document fut rédigé par le *Board of trade*, et déposé sur le bureau du Parlement. Une copie de ce document existe dans le dossier qui nous a été confié par l'administration de la Compagnie. En voici l'intitulé :

Relevé de tous les paquebots jaugeant plus de 499 tonneaux, existant en Angleterre le 1er juillet 1869, avec :

1° L'indication de leur tonnage brut;

2° L'indication de leur tonnage net, d'après les déclarations officielles du Board of trade *à la Chambre des Communes.*

Ce relevé donne une nomenclature de 615 navires à vapeur dont le tonnage est divisé, comme il est dit ci-dessus, en brut et en net.

Le chiffre de leur tonnage brut est de. T.	820.412
Celui de leur tonnage net est de.......	577.620
Différence..........T.	242.792

c'est-à-dire 42 0/0.

Il nous restait encore, sur cette première donnée, un travail difficile à faire, parce que les éléments nous manquaient en grande partie. Nous avions l'écart du net au brut, il nous manquait l'écart du brut à la capacité réelle. Nous avons cherché, et nous avons trouvé.

Le relevé ci-dessus devait contenir nécessairement le nom d'un certain nombre de navires ayant fait, depuis la publication du document, des voyages d'aller et de retour dans les Indes, par le Canal de Suez. Nous en avons, en effet, découvert quelques-uns dans les tableaux du mouvement du transit pendant le premier semestre de 1871. Nous en avons trouvé 74 nous permettant de constater la distance entre le jaugeage brut et le chargement déclaré, qui, comme nous l'avons fait observer, n'est pas encore l'expression complète de la capacité totale.

Navires figurant au relevé du Board of trade, et dont le tonnage brut est dépassé par le chargement déclaré :

Mois.	*Nombre des navires.*	*Tonnage net.*	*Tonnage brut.*	*Tonnage déclaré.*
Janvier...	12	13.254	17.425	21.335
Février...	14	15.929	22.560	24.900
Mars	21	25.564	34.092	39.060
Avril.....	15	14.191	18.045	21.687
Mai.......	6	6.625	8.859	9.870
Juin......	6	7.464	9.850	10.453
	74	83.027	110.831	127.442

Ce qui représente la proportion ci-après :

Moyenne du brut au net pour les 615 navires.............................. 42 0/0

Moyenne du brut au réel sur 74 de ces navires ayant traversé le Canal........ 15 0/0

57 0/0

Autre observation relative aux recettes.

Ces 74 navires ont payé au tonnage net	830.270 fr.
Ils ont porté, au tonnage réel, 127,442 tonnes, représentant, à 10 f. par t.	1.274.420 »
Différence au préjudice de la Compagnie......................	444.150 »

Par conséquent, ces 74 navires ont fait passer dans le Canal, franches de droit, une quantité de tonnes de marchandises supérieure à plus de la moitié de la partie de leurs cargaisons ayant acquitté les droits.

Maintenant, abordons plus amplement la question capitale de la véritable capacité des navires jaugés.

On sait qu'un grand marché de vente et d'achat de navires de toute espèce existe en Angleterre et spécialement à Londres.

Pour les besoins de ce marché, des affiches périodiques sont rédigées par des courtiers *ad hoc*.

L'âge, la dimension, le lieu de construction, les conditions diverses des navires mis en vente y sont scrupuleusement énoncés. Naturellement, une place spéciale y est réservée à la constatation essentielle de leur tonnage.

Ces feuilles sont répandues dans tous les grands ports, dans tous les centres d'opérations maritimes du monde.

Parmi les maisons les plus importantes et les plus accréditées dans ce genre d'affaires, se trouve celle qui est connue sous le nom de C. Moller, de Londres.

Nous avons sous les yeux trois affiches circulaires de cette maison : la première est du mois d'octobre 1869 ; les deux autres sont moins anciennes, elles portent la date des mois de juin et d'août 1871.

Deux colonnes y sont consacrées au signalement précis du tonnage.

La première, sous cet énoncé, *Tonnage net — Tonnage brut,* fait connaître les chiffres obtenus dans ces deux opérations de jaugeage ;

La seconde, parfaitement distincte de la première et séparée d'elle par plusieurs autres, porte ce titre suffisamment explicatif : *Capacité.*

Il est donc avéré qu'en dehors du net et du brut, il y a un troisième terme, le vrai, le terme marchand, pour mesurer la puissance de transport d'un navire, sa capacité, et ce terme est un des éléments essentiels de sa valeur vénale.

Ces explications présentées, passons à l'examen des trois affiches circulaires.

Celle d'octobre 1869 annonce la mise en vente de 67 navires à hélice. Sur cette liste, nous ne trouvons, à l'endroit du net, du brut et de la capacité, des renseignements complets que pour 40 de ces navires. En voici le résumé :

40 navires à hélices en vente.

Tonnage.		*Capacité.*
Net.	*Brut.*	
15.992	22.019	26.651

Différence du net au brut, 6,067 tonnes ou 38 0/0.

Différence du brut à la capacité, 4,632 tonnes ou 21 0/0;

Différence du net à la capacité, 10,699 tonnes ou 67 0/0.

Les deux affiches circulaires de juin et d'août 1871 nous présentent les résultats suivants :

	Tonnage.		*Capacité.*
	Net.	*Brut.*	
Juin, 67 navires..	14.277	20.554	23.980
Août, 72 —	19.991	28.180	32.675
Total. 139 navires	34.268	48.734	56.655

Différence du net au brut, 42 0/0.
— du brut à la capacité, 16 1/2 0/0.
— du net à la capacité, 66 0/0.

Ainsi, dans trois documents similaires, publiés à 20 mois de distance, nous rencontrons les mêmes affirmations à l'égard de la différence entre le net et la capacité.

Dans l'examen des rapports fournis par les chiffres indiquant le net, et des chiffres indiquant les chargements effectifs, nous avions trouvé entre ces deux termes 53 0/0. Dans des pièces encore plus pratiques, d'une information plus sûre et plus complète, nous trouvons, entre le tonnage officiel net et la capacité réelle, une différence de 66 0/0 et de 67 0/0, ou près des sept dixièmes.

Nous étions donc fondés et nous sommes plus que jamais fondés à exprimer l'appréhension que la perception sur le tonnage net substitué au tonnage de capacité, ne soit encore plus préjudiciable aux recettes de la Compagnie, que ne permettent de le croire les conclusions ressortant de ses tableaux officiels du transit.

Malgré tant de preuves et de faits démonstratifs, il nous reste encore des autorités de haute valeur à invoquer sur les imperfections du jaugeage et sur les droits de la Compagnie.

Préoccupé de ces solutions, un administrateur de la Compagnie pensa à demander, sur ce grave sujet du tonnage, son avis à un officier supérieur de la marine française, dont la compétence pratique, et en même temps l'expérience locale, ne pouvaient être contestées. Cet officier est M. Dangeville, capitaine de vaisseau, venant de commander pendant cinq ans la station navale de France en Égypte, et ayant, après l'inauguration du Canal, terminé son commandement en opérant le transfert de la station navale d'Alexandrie à Port-Saïd, où elle est établie depuis lors.

La réponse aux demandes de notre administrateur est trop étendue pour être intégralement citée, mais nous en produirons de nombreux extraits. Elle est datée du 10 juillet dernier.

Le premier va nous montrer ce qu'est aujourd'hui le prétendu tonnage net.

« Les méthodes à formules actuelles de jaugeage » datent d'une époque où la marine à vapeur était » encore dans l'enfance ; la déduction de 40 0/0 sur » le tonnage réel, comme représentant la capacité » des espaces consacrés à la machine, aux chau- » dières et au combustible, pouvait, à cette épo- » que, n'être pas exagérée. Mais de grands » progrès se sont accomplis depuis lors. Ces progrès

» ont eu pour but et pour effet de réduire de beau-
» coup l'espace consacré aux appareils et au char-
» bon : d'où il résulte que la déduction de 40 0/0
» dont bénéficie le tonnage des navires à vapeur,
» est actuellement beaucoup trop forte. Il est
» impossible de formuler ce qu'elle devrait être en
» une règle générale qui, appliquée de la même
» manière à tous les navires, puisse donner un
» résultat exact, puisque la force des machines et
» chaudières, leur système de construction et la
» consommation proportionnelle de charbon sont
» autant d'éléments qui varient de navire à navire.
» Mais s'il faut, comme pour le calcul du jaugeage,
» s'incliner devant la nécessité d'établir une règle
» empirique telle quelle, je ne serais pas surpris
» qu'en étudiant la question à nouveau on fût
» conduit à réduire *à 25 0/0, peut-être même à 20 0/0,*
» *la déduction actuelle fixée à 40 0/0.* »

Il est certain, en effet, qu'aujourd'hui l'emplacement accordé aux machines et à leurs accessoires excède de beaucoup l'espace réel qu'ils occupent. Envisageant le sujet à ce point de vue, tout restreint qu'il est, on peut dire que dans ses procédés le jaugeage actuel attribue à cet espace le double du cube réel qu'il occupe.

Mais ce n'est là en quelque sorte que le préliminaire de l'opinion de l'écrivain. Il entre aussitôt dans le cœur de la question, la juste, la vraie :

« Je vais plus loin, et je me demande *si la Com-*
» *pagnie, en invoquant l'équité, ne serait pas fondée à*
» *refuser de déduire à l'avenir du tonnage total des*

» *navires à vapeur, les espaces consacrés aux appa-*
» *reils et au combustible.*

» A mon sens *on ne saurait l'obliger à prendre*
» *en considération l'emploi fait par les armateurs des*
» *capacités de leurs navires.* Qu'ils y établissent des
» machines d'un volume quelconque, ou qu'ils re-
» noncent à les en doter, c'est là une question qui
» les concerne seuls et qu'ils résolvent au mieux
» de leurs intérêts. L'établissement de machines
» avec leurs accessoires à l'intérieur des coques des
» navires *constitue un avantage important qui com-*
» *porte relativement ses charges;* et, si l'on peut en
» juger par le développement incessant de la ma-
» rine à vapeur, on se voit autorisé à admettre que
» la balance entre les charges et les avantages de
» ce genre de navigation est toute en faveur de ces
» derniers.

» Je ne sache pas que *dans le calcul de jaugeage*
» *des bâtiments à voiles*, on fasse déduction des
» espaces consacrés à loger les voiles et agrès qui
» *sont pourtant les appareils moteurs de ces navires.*

» *On voit*, d'ailleurs, plus d'une fois *certaines des*
» *soutes destinées au charbon recevoir éventuellement*
» *des marchandises*, et *c'est ce qui se pratique fréquem-*
» *ment* sur les transports de l'État pour le matériel
» dont on les charge.

» Aussi, le droit *strict*, *réel* qu'aurait la Compa-
» gnie *d'appliquer ses tarifs à la totalité du jaugeage*
» sans déduction afférente aux machines, chaudiè-
» res et approvisionnements de combustibles, *ne me*
» *semble-t-il contestable* qu'au point de vue du droit
» conventionnel, lequel est de sa nature essentielle-

» ment discutable et variable et qui, de plus, *dans* » *la question qui nous occupe, me semble contraire à* » *l'équité.*

» J'envisage de même le droit qu'elle aurait de » faire entrer dans l'évaluation du tonnage les » espaces occupés sur le pont supérieur par les du- » nettes, gaillard, roufs et autres constructions » annexées dont l'importance et l'usage se sont » considérablement accrus depuis l'adoption des » règles officielles du jaugeage, et qui sont de plus » en plus utilisées pour la mission ou le trafic des » navires. Ce droit me semble si évident, que vous » me permettrez de ne pas m'y arrêter. »

Nous avons une seule explication à présenter sur l'ensemble de ces considérations qui nous semblent d'une justesse incontestable. M. Dangeville croit que, dans ce débat, « le droit strict et réel de la » Compagnie ne pourrait être contesté » qu'au point de vue du *droit conventionnel.* C'est une erreur qui tient sans doute à ce que l'honorable écrivain n'avait pas sous les yeux nos actes de concession. Sans examiner si ce « droit conventionnel » existe en dehors de tout contrat direct entre la Compagnie et les pays ou les Compagnies et les particuliers intéressés, nous nous bornerons à dire que le droit conventionnel est de notre côté tout autant que le droit strict et réel. Le droit conventionnel, il est dans les contrats de concession, et ces contrats — nous l'avons surabondamment démontré — prescrivent à la Compagnie son mode de perception, le tonneau de capacité au maximum de 10 francs.

Le péage de 10 francs par tonneau de capacité

n'est pas perçu; la loi conventionnelle est violée, aussi bien que le droit strict et le principe d'équité. Par suite de cet état de choses, les recettes *légitimes* de la Compagnie subissent des rabais dont le minimum est de 50 0/0 au-dessous des recettes réalisées. Voilà l'état de choses enfanté par le mode de perception actuel.

Il nous reste à examiner si ce régime, dans le cas où il serait définitivement accepté, n'irait pas jusqu'à compromettre le principe même et la source de nos recettes.

Nous n'hésitons pas à répondre affirmativement. Nous allons plus loin, et nous déclarons que le maintien du système actuel ne serait pas seulement l'altération des sources de nos recettes, qu'il serait encore l'abandon des droits les plus essentiels, les plus indispensables à l'existence de la Compagnie.

Un document récent, émané d'un gouvernement étranger, vient de verser sur ce point de vue la lumière la plus frappante.

Rappelons d'abord quels sont les deux termes de notre système de perception à l'égard des bateaux à vapeur :

1° Le tonnage est déterminé par la production des papiers officiels du bord, c'est-à-dire par le résultat du jaugeage tel que le décrète ou le pratique le règlement national du navire transitant ;

2° Le droit sur ce tonnage est perçu, non point en raison de la capacité ou même du chargement réel, non point en raison du jaugeage *brut*, mais en raison du tonnage *net* officiel, c'est-à-dire non compris l'espace occupé par les machines, soutes à charbon, etc., etc.

Ainsi, en premier lieu, c'est aux gouvernements à décider, à décréter quelle est la capacité du tonneau, quelle est la quantité de ces tonneaux que contient le navire, sans que la Compagnie ait autre chose à faire qu'à s'y conformer.

En second lieu, après que les gouvernements ont tranché ces deux points, il leur appartient encore de prononcer quelle est la partie de la capacité totale du navire qui doit acquitter les droits, et celle qui en est affranchie, puisque ce sont eux et leurs agents qui décident du tonnage *brut* et du tonnage *net*.

Autrement dit, ce n'est plus la Compagnie, ce sont les gouvernements qui dressent en réalité les tarifs de la Compagnie. Elle reçoit passivement ce qu'ils veulent bien lui laisser.

Y a-t-il dans cette définition l'ombre d'une inexactitude, d'une exagération, d'une fausse interprétation ? Non, et nous allons le prouver par une simple confrontation de ce que nous venons de dire avec ce qui vient de se faire législativement.

Dans sa partie officielle, le 3 juin dernier, l'*Observateur de Trieste* publiait un document voté par la Chambre de l'empire Austro-Hongrois, sous ce titre :

« *Loi du 15 mai 1871, concernant le jaugeage des navires marchands.* »

Voici les principales dispositions de cette loi évidemment faite en vue du Canal de Suez et sur-

tout en vue de l'article 11 de son règlement de navigation.

Le mode de jaugeage anglais est substitué au mode de jaugeage jusque-là usité en Autriche.

Tout navire marchand, autrichien ou étranger, « qui aura été construit ou modifié dans ses » parties de façon à influer sur son tonnage, sur » des chantiers nationaux ou étrangers, devra être » jaugé dans les ports de mer autrichiens, » suivant la méthode anglaise.

Le jaugeage des navires à voiles reste dans ces prescriptions générales; mais la navigation à vapeur est l'objet d'un article tout spécial et très-remarquable dont il faut reproduire le texte :

« Dans les navires qui sont mis en mouvement » par la vapeur ou par quelque autre force dont le » développement et la transmission exigent un » espace pour une machine à l'intérieur du navire, » il sera déduit du tonnage total le tonnage de l'es- » pace *qui est nécessaire au développement et à la trans-* » *mission de la force motrice, ainsi que celui occupé* » *par les dépôts de houille effectifs et permanents.*

» Toutefois, ne sera pas admissible *une déduction* » *dépassant de 50 0/0 le tonnage général.*

» Le chiffre qui reste après la déduction exprime » le *tonnage légal* du navire. »

Par la substitution de la méthode de jaugeage anglaise à la méthode autrichienne, la marine de l'Autriche fait un bénéfice de 18 à 21 0/0, et les recettes du Canal de Suez feraient une perte égale, si cette perte n'était déjà un fait accompli, comme nous aurons à le raconter plus loin.

Entre le tonneau autrichien et le tonneau anglais, il y avait cette différence de 18 à 21 0/0 relativement au premier.

L'Autriche ne se contente pas de cette première douceur. Après l'augmentation de la capacité de son tonneau, elle réglemente aussi son tonnage *net* relativement à son tonnage *brut*.

Ici, les termes sont fort habiles. L'empiétement s'enveloppe sous les formules de la prohibition. La réduction ne sera pas admissible au delà de 50 0/0.

On comprend parfaitement qu'avec les réserves faites sous des termes vagues et élastiques en faveur du développement et de la transmission de la force motrice et surtout des dépôts de houille effectifs et permanents, les armateurs autrichiens ne seront jamais embarrassés de se fournir des emplacements jusqu'à 50 0/0, sauf à y mettre — ainsi que le dit M. le capitaine de vaisseau Dangeville — autre chose que de la houille.

C'est donc une réduction de 50 0/0 dans la navigation à vapeur autrichienne qu'il faut compter, non pas sur la contenance réelle du navire, mais sur le jaugeage du brut anglais.

Par conséquent, aux termes de notre règlement de navigation encore en vigueur, ce n'est pas la Compagnie, c'est une loi autrichienne qui, à partir du 15 août 1871 (1), détermine la somme que les percepteurs du Canal devront prélever sur les na-

(1) La loi du 15 mai décrète qu'elle sera applicable trois mois après la date de sa promulgation.

vires autrichiens. Les navires paieront en raison du jaugeage anglais, parce que ainsi le veut la loi autrichienne; et si le bon plaisir de la loi autrichienne eût été qu'ils payassent en raison du tonnage américain, ils paieraient en raison du tonnage américain.

Par le même motif, si le gouvernement anglais ou tout autre gouvernement trouve convenable à ses intérêts de modifier ses méthodes de jaugeage, de prendre, par exemple, pour type de son tonneau la capacité plus considérable du tonneau américain, il n'a qu'à décréter cette modification par sa propre loi; et au nom de son propre règlement, la Compagnie n'a qu'à se soumettre et à laisser pratiquer cette nouvelle échancrure à son budget des recettes.

De même pour le tonnage soi-disant net.

On avait estimé à 33 0/0 en moyenne l'écart entre le brut et le net, selon le jaugeage anglais. La loi française l'a fixé uniformément à 40 0/0. Voilà que le gouvernement autrichien le porte à 50 0/0. Evidemment, dans cette charmante voie de la réduction des péages, les gouvernements ne se laisseront pas distancer les uns par les autres.

Si l'Autriche s'attribue 50 0/0, la France et l'Angleterre ne voudront pas rester à 40 0/0 et à 35 0/0. Elles ne le pourraient même pas sans nuire à leurs intérêts maritimes. Puisque l'Autriche s'est favorisée de 10 0/0 par rapport à la France, et de 15 0/0 par rapport à l'Angleterre, pourquoi la France et l'Angleterre, à leur tour, et l'Amérique, et l'Allemagne ne voudraient-elles pas, de leur côté, s'accorder un pied de faveur par rapport à l'Autriche? Cela dépend d'elles. C'est l'affaire d'un décret; et de décret en décret, jusqu'où s'abâtardiront les recettes de la Compagnie?

Incontestablement, le règlement de la navigation de 1870 a livré à des mains étrangères la direction et l'administration des tarifs de la Compagnie, livré non-seulement sa prospérité, mais livré jusqu'à sa vie.

La loi autrichienne du 15 mai 1871, concernant le jaugeage, l'atteste avec toute sa gravité. Il y a urgence à faire cesser une situation pareille.

V

Le mode de perception actuelle maintient-il l'égalité, c'est-à-dire la loyauté et la réalité de la concurrence, soit entre les divers pavillons, soit entre les navires de même pavillon.

Il est dès à présent évident qu'à cette question il ne peut être fait qu'une réponse négative.

Les deux dispositions sur lesquelles est établi tout notre système de perception, ont eu, doivent avoir pour effet inévitable un régime toujours actif et permanent d'inégalités :

Inégalité entre navires des divers pavillons ;

Inégalité entre navires de même pavillon;

Inégalité entre la marine à vapeur et la marine à voiles.

Toutes ces inégalités sont le produit nécessaire de ces deux coefficients:

Détermination du tonnage des navires selon les papiers officiels du bord ;

Perception du droit sans autres bases et sans autres garanties que les variations du jaugeage officiel.

Les papiers officiels de bord ! Comment ne seraient-ils pas l'inégalité constituée, lorsqu'il y a autant de variantes de tonneaux que de nationalités, de variétés de jaugeages que de pavillons, et de résultats de ces jaugeages que de navires?

Notre règlement du 17 août 1869, promulgant dans son article 11 cette flagrante contradiction, — le péage calculé sur le tonnage réel et le péage perçu sur les papiers de bord, — était à peine distribué qu'éclataient immédiatement les premières constatations, c'est-à-dire les premiers embarras de ces inégalités.

Le 22 de ce même mois d'août, M. le consul général d'Autriche à Alexandrie adressait la réclamation suivante à M. l'agent supérieur de la Compagnie en Egypte:

« La prochaine ouverture du Canal de Suez *a*
» *dirigé l'attention de mon gouvernement* sur une
» question de haute importance pour les navires
» austro-hongrois destinés à passer le Canal. C'est
» le système de jaugeage actuellement en vigueur en
» Autriche-Hongrie, qui laisse à craindre que la taxe

» de 10 francs par tonneau à payer pour le passage du » Canal, *pourrait créer aux navires de notre pavillon un* » *préjudice de 20 0/0 à peu près, en comparaison avec* » *les bâtiments d'autres nations*. En effet, il est officiel- » lement constaté que *100 tonneaux anglais forment* » *121 tonneaux autrichiens*, et il résulte qu'*entre deux* » *bateaux de même port effectif de tonneaux, l'un,* » *sous pavillon austro-hongrois, aurait à payer 21 0/0* » *de plus que l'autre sous pavillon anglais*. Cette dif- » férence de système de jaugeage est d'une telle » importance, que partout *où il s'agit d'établir une* » *perception quelconque basée sur le tonnage des navires,* » *une réduction juste et convenable a été accordée en* » *faveur de nos navires*. »

La lettre concluait à la transformation, pour le paiement du droit, du tonnage officiel autrichien en tonnage officiel anglais.

A coup sûr, c'était là manifestement une demande en violation de l'article 11, prescrivant que le péage serait determiné par les déclarations des papiers de bord. Il est bon, au surplus, de consigner ici dans quel sens devait être appliqué, selon la Compagnie, le deuxième paragraphe de l'article 11.

Voici comment, après communication de la récla- clamation autrichienne, le chef des services du transit et des transports de la Compagnie en Egypte s'exprimait sur ce sujet, à la date du 30 août 1869 :

« La Commission réunie l'année dernière avait » donné la préférence à l'évaluation des droits de » passage d'après le tonnage déclaré par les papiers » officiels de bord, *sans tenir compte des différents* » *systèmes de jaugeage*. Les motifs qui ont fait pré-

» valoir cette solution étaient *qu'il n'y a pas de règle* » *dans les différents modes de jauge en usage qui* » *permît de les rapporter à un générateur commun*, et » d'autre part, qu'une Commission internationale » était nommée pour arrêter un système uniforme » chez toutes les nations maritimes. C'est donc *pro-* » *visoirement* que la taxe d'après les papiers de bord » a été décidée. »

Le provisoire dure déjà depuis près de deux ans, et s'il ne doit cesser qu'après l'unification générale des tonnages par toutes les nations maritimes, nous craignons bien que ce provisoire ne donne lieu d'ajouter un proverbe de plus aux calendes grecques.

Quoiqu'il en soit, la réclamation autrichienne fut accueillie par l'Administration de la Compagnie, et le Canal n'était pas encore ouvert, que déjà l'application du second paragraphe de l'article 11 était reconnue comme impraticable.

Par lettre du 18 septembre 1869, une déduction de 18 0/0 sur le tonnage constaté par leurs papiers de bord fut accordée aux navires portant le pavillon autrichien.

Quant à l'inégalité résultant pour d'autres pavillons, et spécialement pour le pavillon français, de cette décision, elle était constatée comme suit par la Compagnie, dans une lettre adressée à M. le Ministre des affaires étrangères, le 15 septembre 1869 :

« Je n'ai pas besoin de faire remarquer à votre » Excellence les inconvénients qui résultent pour » la marine française de cette partie transitoire de » notre règlement de navigation, puisque nos navires

» paieront plus de droits que les navires anglais et » surtout que les navires américains.

» Je serais très-reonnaissant à votre Excellence » si elle voulait bien, par sa haute influence, hâter » une solution qui doit faire cesser un état de » choses procurant un avantage réel sur notre » marine aux marines anglaise et américaine. »

A de nouvelles observations de la Compagnie sur les conditions d'inégalité dans lesquelles se trouve la marine française, par rapport à d'autres marines, le Ministre répond, à la date du 11 janvier 1870 :

« Je reconnais que, pour le passage du Canal de » Suez, *la marine française se trouve placée, vis-à-vis de* » *la marine anglaise, comme de plusieurs autres marines,* » *dans une situation regrettable d'infériorité*, du mo- » ment où la Compagnie perçoit le droit de transit et » les taxes accessoires d'après le tonnage indiqué » par les papiers de bord. »

A l'heure qu'il est, ce régime dure encore, et en même temps il n'est pas une règle absolue : pour certains pavillons, les taxes sont perçues purement et simplement selon les papiers de bord ; pour d'autres pavillons, elles sont perçues d'après les papiers de bord modifiés par l'application du tableau proportionnel annexé à la convention internationale relative à la navigation des embouchures du Danube, en date du 2 novembre 1865.

Faisons remarquer que ce tableau a donné lieu à beaucoup d'objections, et que les proportions adoptées par la Commission qui l'a dressé contiennent de nombreuses erreurs. La preuve en est dans ce fait, que le Gouvernement ottoman, quoiqu'il adop-

tât le même tonneau type, n'a pas cru devoir se conformer aux calculs de la Commission danubienne lorsqu'il s'est agi pour lui de régler le tonnage des navires devant être soumis au tarif des droits de phare pour l'Empire Turc.

Ainsi, inégalité dans le traitement des pavillons, inégalité conséquente dans les taxes à percevoir, voilà le premier effet des procédés employés à la suite du second paragraphe de l'article 11 de notre règlement.

Inégalité entre les navires de même pavillon. Constatons d'abord quels résultats produisent ces jaugeages officiels auxquels sont subordonnées les destinées et les recettes de la Compagnie.

Nous avons cité et invoqué, dans un autre partie de ce rapport, un document du caractère le plus authentique, soumis au Parlement par le *board of trade*, et donnant la nomenclature de tous les bateaux à vapeur au-dessus de 499 tonneaux, existant dans les ports du Royaume-Uni au 1er juillet 1869, cinq mois avant l'ouverture du Canal à la grande navigation.

Ce document présentait une liste de 615 navires, dont l'ensemble formait :

au jaugeage brut........... 820,412 tonnes,
au jaugeage net............ 577,620 tonnes,

soit entre les deux jaugeages une différence de 42 0/0.

Cette différence procédait d'une moyenne générale entre plusieurs centaines de navires des dimensions les plus diverses. Mais cette moyenne, toute expressive qu'elle soit, est loin encore de donner une idée des énormes inégalités qui existent dans le mesurage de ces navires, considérés, soit individuellement, soit par rapport aux groupes formés en raison des variétés de leur double jaugeage.

Bornons-nous à l'examen de ces groupes. Il suffira. Voici comment ils se composent, d'après les proportions qui les différencient au brut et au net :

			Différence du brut au net.
1er groupe	8	navires........	100 0/0 et au-dessus
2e »	11	»	80 » »
3e »	28	»	60 » »
4e »	75	»	50 » »
5e »	158	»	40 » »
6e »	80	»	30 » »
7e »	220	»	20 » »
8e »	29	»	10 » »
9e »	5	»	au-dessous de 10 0/0
	614	navires (1).	

Ainsi, en Angleterre, entre le tonnage brut et le tonnage net des bateaux à vapeur, le jaugeage a établi une échelle qui commence au-dessous de 10 0/0 et qui monte de degré en degré au-dessus de 100 0/0.

N'oublions pas qu'en outre, entre la capacité

---

(1) Le 615e, le *Granton*, n'a été porté dans aucun de ces groupes, parce que les chiffres qu'on lui attribue ne peuvent être qu'une erreur de copiste. Il est inscrit comme suit : Tonnage *net* 637, tonnage *brut* 240.

réelle du navire et le tonnage brut, il y a un nouvel écart de 15 0/0 à 20 0/0.

Telles sont les anomalies dont fourmille cette méthode du jaugeage anglais, qu'on nous dit être la plus exacte et la plus parfaite du monde!

Que seraient donc les autres?

Voyons maintenant quelle est l'influence de ces éléments de la perception sur les conditions de l'égale concurrence imposée à la Compagnie à l'égard de tous les transitants.

Suivant le tableau que nous avons précédemment publié (p. 17), 361 navires de tous pavillons ont traversé le Canal du 1er au 30 juin de cette année.

Ce chiffre se partage ainsi :

215 navires ayant déclaré à la fois et leur tonnage net et leur chargement effectif supérieur au tonnage net.

146 navires n'ayant pas fait connaître leur chargement réel, ou dont le chargement est inférieur à leur tonnage net (1).

Pour les uns comme pour les autres, le tonnage officiel brut n'est pas mentionné dans les tableaux publiés par la Compagnie.

Nous avons formé les 215 navires de la première de ces catégories, en groupes échelonnés selon leur proportionnalité, et voici dans quelles propor-

---

(1) 114 navires dans le premier cas.
 32 dans le second.
 ———
 146.

tions le chargement déclaré excède pour chaque groupe le tonnage officiel net :

			Ecart entre le tonnage perçu et le chargement déclaré.
1er groupe	2	navires........	150 0/0 à 200 0/0
2e »	5	»	120 » à 150 »
3e »	7	»	100 » à 120 »
4e »	24	»	80 » à 100 »
5e »	47	»	60 » à 80 »
6e »	36	»	50 » à 60 »
7e »	31	»	40 » à 50 »
8e »	25	»	30 » à 40 »
9e »	16	»	20 » à 30 »
10e »	10	»	19 » à 20 »
11e »	12	»	au-dessous de 10 0/0

Il n'y a pas de commentaire utile à faire après un pareil résultat. Rien ne ressemble moins à l'égalité dans la concurrence, au péage unique sans faveur ni distinction.

Après avoir considéré l'ensemble de la navigation pendant le semestre, interrogeons maintenant et comparons les résultats de chaque mois.

Les 215 navires portant un chargement supérieur au tonnage officiel net se partagent ainsi entre les six mois :

Mois.	*Navires.*	*Tonnage officiel.*	*Tonnage déclaré.*	*Différence en plus.*	*Proportion.*
Janvier .	35	32.336	51.256	18.920	58 0/0
Février .	42	43.226	66.972	23.746	54 0/0
Mars....	45	49.100	74.800	25.700	53 0/0
Avril ...	34	36.328	57.147	20.819	57 0/0
Mai.....	29	29.191	48.522	19.331	66 0/0
Juin....	30	50.392	46.092	14.700	48 0/0
	215	220.573	344.789	123.216	56 0/0

Donc pas deux mois qui se ressemblent pour la proportionnalité, c'est-à-dire pour l'unité du péage perçu.

Mais prenons un point de vue encore plus large, nous descendrons ensuite aux détails. Comparons dans leur réalité la diversité des péages auxquels ont été soumis les 361 navires qui ont traversé le Canal dans le premier semestre de cette année.

En voici un premier aperçu pour chacun des six mois :

Janvier.

74 navires ont payé 10 fr. par tonne, sur 65.230 t.
35 de ces navires seulement ont fait passer 51.256 »

Février.

70 navires ont payé 10 fr. par tonne, sur 64.403 t.
42 de ces navires ont fait passer........ 66.972 »

Mars.

68 navires ont payé 10 fr. par tonne, sur 73.210 t.
45 de ces navires ont fait passer........ 74.800 »

Avril.

55 navires ont payé 10 fr. par tonne, sur 54.188 t.
34 de ces navires ont fait passer........ 57.147 »

Mai.

49 navires ont payé 10 fr. par tonne, sur 51.370 t.
29 de ces navires ont fait passer........ 48.522 »

Juin.

45 navires ont payé 10 fr. par tonne, sur 43.141 t.
30 de ces navires ont fait passer........ 46.092 t.

Les 361 navires, à 10 francs par tonne nette, ont payé.......................... .Fr. 3.512.090 »

Les 215 navires à 10 francs par tonne de chargement réel, auraient payé...........................Fr.	3.464.190 »
ou la même somme à.............	47.900 fr.

près.

Il faut remarquer que le mois de janvier a été exceptionnel pour la proportion relativement modique des navires qui ont transité avec un chargement supérieur au tonnage net. Cette exception tient à la quantité des bâtiments qui ont transporté à cette époque le corps expéditionnaire envoyé dans la mer Rouge par le gouvernement Ottoman, et qui tous, à peu près, sont revenus sur lest.

Pour les cinq autres mois, entre le tonnage net et le chargement déclaré, le compte respectif s'établit comme suit :

287 navires ayant traversé le Canal, au droit de 10 francs, sur un tonnage net de 285,975 tonnes donnent........................Fr.	2.859.750 »
180 navires ayant traversé le Canal avec un chargement déclaré de 293,533 tonnes, donnent...........	2.935.330 »
Différence en faveur des 180 navires contre les 287..................Fr.	75.580 »

Par conséquent, en appliquant le droit de 10 fr. aux 180 navires ayant déclaré leur chargement réel, la Compagnie aurait pu, avec un bénéfice de 75,580 francs, laisser passer gratuitement les 107 navires formant l'autre partie des 287.

Dans leur totalité, les 361 navires du semestre se subdivisent ainsi :

215 avec chargement déclaré au-dessus du tonnage net ;
32 avec chargement déclaré inférieur au tonnage net ;
114 chargement réel inconnu.
———
361

Les 32 navires ayant déclaré leur chargement au-dessous du tonnage net ont payé en fait au delà de 10 francs par tonne.

Les 114 navires au tonnage réel inconnu ont évidemment payé sur leur tonnage officiel net 10 francs par tonne.

Les 215 navires ayant une cargaison déclarée au-dessus du tonnage net n'ont réellement payé, pour leurs 344,789 tonnes effectives, que 2,205,730 francs représentant la perception exercée sur les 220,573 tonnes de leur jaugeage net.

Prix moyen du passage de leur tonnage effectif................................Fr. 6 36

Perte pour la Compagnie, par tonne effective................................Fr. 3 64

Toutes ces disproportions déréglées deviennent encore plus frappantes, si l'on compare le traitement individuellement appliqué aux navires transitant, soit sous des pavillons différents, soit sous un même pavillon.

Comme nous ne pourrions reproduire ici un tableau détaillé de l'ensemble des six premiers mois de cette année, nous nous bornerons au détail relatif à un seul de ces mois, terme à peu près moyen du 1er semestre.

MAI 1871. — 49 NAVIRES.

Prix perçu sur chaque navire, par tonne effective:

1° Chargements effectifs inconnus : 15 navires; perception : 10 francs par tonneau ;

2° Chargements déclarés ayant payé au-dessus de 10 francs :

Navires.	*Nationalité.*	*Tonnage net.*	*Chargement déclaré.*	*Perception par tonne effective.* fr.	c.
Mabel.........	anglais	493	25	197	20
Poonah........	»	477	200	73	85
Peï-Hó........	français.	1891	350	56	89
Khédive.......	anglais.	2092	1500	13	95
City of Brussels	»	916	700	13	10
Sphinx	autrichien.	732	580	12	62

3° Chargements déclarés ayant payé moins de 10 francs :

Navires.	*Nationalité.*	*Tonnage net.*	*Chargement déclaré.*	*Perception par tonne effective.* fr.	c.
Arabia........	anglais.	765	800	9	54
Burmah.......	»	697	800	8	71
Comorin.......	»	308	358	8	60
Adda	»	795	1000	7	95
Bellona	»	1430	1800	7	94
Sirius	»	1411	1800	7	84
Odessa........	»	819	1100	7	44
Strath-Clyde...	»	1254	1700	7	38
Sulina........	»	1018	1400	7	27
Atholl	»	1076	1500	7	17

Navires.	*Nationalité.*	*Tonnage net*	*Chargement déclaré.*	*Perception par tonne effective.* fr. c.
Scotland......	anglais.	1256	1800	6 97
Zodiac........	»	375	550	6 82
Ispahan.......	»	811	1200	6 81
City of Cambridge	»	1489	2277	6 53
Olga..........	»	863	1350	6 39
Menzaleh......	»	851	1350	6 30
Choice........	»	482	790	6 10
Tigre.........	français.	1590	3230	6 03
City of Oxford.	anglais.	1490	2600	5 73
Atalanta......	»	1716	3000	5 72
Duna..........	»	852	1497	5 69
Persévérance..	»	589	1100	5 35
Excelsior.....	»	898	1700	5 28
Durham.......	»	1441	2750	5 24
Nestor........	»	1114	2200	5 06
Jupiter.......	autrichien	984	2000	4 92
Bernard......	anglais.	577	1400	4 12
Orchis........	»	1138	2800	4 06
Apis..........	autrichien.	738	2000 (1)	3 69

(1) Le chiffre de 2,000 tonnes est probablement un minimum. D'après le tableau dressé par la Compagnie, il semblerait que le chargement déclaré de « l'*Apis* » serait de 4,300 tonnes. Mais comme la colonne de ce tableau intitulée *Nature du chargement* donne comme cargaison à « l'*Apis* » 4,000 balles de coton et 300 balles de café, nous avons tout lieu de supposer que le chiffre de 4,300 représente le total des balles et non le total des tonnes.

D'après l'*Almanach de Commerce* du Hâvre, la balle indienne

Pour compléter ces renseignements, et comme mesure du haut au bas de l'échelle des prix réels du péage, nous pensons devoir citer par mois, entre les navires ayant déclaré un chargement supérieur au tonnage net, celui d'entre eux qui a payé la taxe la plus forte, et celui qui a payé la plus faible :

Mois.	*Navires.*	*Péage proportionnel au chargement réel.*	
—	—	—	
Janvier....	*Apis*............. Fr.	9	81
—	*Lord of the Isle*.......	4	38
Février....	*Ninivah*.............	9	75
—	*Agamemnon*...........	4	08
Mars......	*Sphinx*...............	9	18
—	*Lorne*................	5	28
Avril......	*Persia*...............	9	55
—	*Emblehoppe*...........	4	27
Mai.......	*Arabia*...............	9	54
—	*Apis*.................	3	69
Juin......	*Trent*................	9	58
—	*Apis*.................	3	69

Ajoutons en passant à tous ces traits quelques autres traits isolés.

L'*India* traverse le Canal en payant son passage sur le pied de 806 tonnes.

De Port-Saïd, ce navire se rend à Alexandrie. La Compagnie à laquelle il appartient, déclare

---

de coton égalant 600 kilog..	4,000 balles	=	2,400 tonnes.
La balle de café égalant 900 kilog................	300 »	=	270 »
Soit en tout.........			2,670 tonnes.

dans les journaux d'Égypte qu'il a une portée de 2,500 tonnes (*India* di tonnelatte 2,500).

L'*Alexandre Lavalley* est jaugé net à 839 tonneaux; il traverse trois fois le Canal dans le courant de cette année. Il déclare porter :

En janvier............	1.450	tonnes.
En avril...............	1.400	»
En juillet..............	2.006	»

L'*Excelsior* est jaugé net à 898 tonnes; de décembre 1870 à mai 1871, il fait trois traversées. Il déclare porter :

En décembre..........	1.560	tonnes.
En mars...............	1.400	»
En mai...	1.700	»

City of Oxford est jaugé net 1,490 tonnes, a fait rois traversées, de décembre 1870 à mai 1871, et déclare porter :

En décembre..........	2.400	tonnes.
En février.............	2.000	»
En mai................	2.600	»

City of Cambridge a fait cette année deux traversées. Il est jaugé net 1,489 tonnes. Il déclare porter :

En février.............	2.000	tonnes.
En mai................	2.750	»

Scotland jauge net 1,256 tonnes, a fait cette année trois traversées et déclare porter :

En février.............	1.850	tonnes.
En mai................	1.800	»
En juin................	2.000	»

Apis est jaugé net 738 tonnes; il a fait quatre traversées cette année et déclare porter :

En janvier............	750 tonnes.
En mars..............	1.200 »
En mai...............	2.000 » (1)
En juin...............	2.000 »

Conséquemment, inégalité dans le péage entre navires des divers pavillons, inégalité entre navires du même pavillon et, qui plus est, inégalité entre les traversées du même navire.

Inégalité entre la marine à vapeur et la marine à voiles. L'inégalité entre les deux systèmes de navigation resssort d'un simple fait : il n'y a pas de jauge nette, il n'y a que la jauge brute pour le navire à voiles. La jauge nette est le privilége du bateau à vapeur. Aussi le navire à voiles trafiquant entre les mers d'Europe et d'Asie ne prend-il pas la route du Canal.

Sur les 361 navires qui ont traversé l'isthme, la voile en compte 33, soit environ 9 sur 100 :

En janvier 1871..................	12
— février —	6
— mars —	1
— avril —	1
— mai —	5
— juin —	8
Total égal.............	33

(1) 4,000 balles tonnes.
300 balles café.
Le tout évalué: 2,000 tonnes au minimum.

Sur ces 33 navires :

12 portaient du charbon à Suez ;

3 ont pris des graines de coton à Ismaïlia ;

3 ont été chargés plus ou moins de marchandises diverses ;

15 étaient sur lest.

Aucun d'eux n'a franchi la mer Rouge.

La totalité de ces navires représente au tonnage brut officiel 14,511 tonneaux, ou en moyenne 470 tonneaux.

Les grands clippers à voiles, les grands voiliers à marche rapide ont donc complétement négligé la route du Canal ; ils ne l'ont même pas essayée. Ils l'ont abandonnée à la vapeur.

Ce fait est d'autant plus remarquable que, dans l'enquête qui fut faite en 1834 à la Chambre des Communes sur la navigabilité de la mer Rouge, les amiraux, les marins les plus accrédités d'Angleterre témoignèrent que cette mer n'était praticable que pour la voile, et non pour la vapeur.

Le capitaine Harris, qui l'avait traversée 74 fois, affirmait qu'elle était parfaitement accessible pour la voile et pour la vapeur.

Un des officiers les plus distingués de la Compagnie péninsulaire et orientale, M. le capitaine Methven, qui a passé trente-neuf ans de sa vie à naviguer dans ces mers, assure que lorsque la voile voudra se donner la peine d'expérimenter la mer Rouge, elle la trouvera bien plus maniable que l'Adriatique, le canal de la Manche, le golfe de Gascogne, etc., etc. Il va plus loin, il exprime la conviction profonde qu'à l'époque prochaine où la vapeur aura expulsé la voile de tous les grands trajets, un des meilleurs refuges de la voile sera cette mer Rouge qu'elle évite aujourd'hui.

Mais pour que le grand voilier soit attiré par le Canal, il faut qu'il soit certain d'y trouver un traitement réellement égal à celui de sa redoutable et de plus en plus envahissante rivale, la vapeur.

Or, ce n'est pas possible avec la perception au tonnage *net* pour la vapeur, et au tonnage *brut* pour la voile.

Il faut au moins conserver le même régime à l'un et à l'autre.

Si, comme il est hors de contestation, la première condition de la vie dans la concurrence est l'égalité du traitement, si le maintien sérieux de cette égalité est à la fois l'essentielle garantie du commerce et la condition obligatoire de la concession de la Compagnie, il nous semble qu'après toutes les preuves que nous venons d'accumuler, il faut reconnaître que l'égalité de la concurrence n'existe pas dans le transit par le Canal, et que le commerce loyal a un vif intérêt à la réforme de cet état de choses.

VI.

Y A-T-IL LIEU DE RECHERCHER ET D'ORGANISER UN MODE DE PERCEPTION LÉGAL PLUS UTILE A TOUS LES INTÉRÊTS LÉGITIMES.

Avant d'entrer dans le cœur de cette question, la dernière et la plus grave du débat qui nous occupe, qu'on nous permette de nous étayer d'un document très-remarquable, du caractère le plus spontané, et qui nous est arrivé presque à la fin de ce travail. C'est un rapport de M. Charpy, lieutenant de vaisseau, chargé de diriger la navigation dans le Canal. Nous croyons important d'en citer le texte complet.

RAPPORT A M. LE CHEF DU TRANSIT
ET DE LA NAVIGATION.

« *Port-Saïd, le 12 août 1871.*

» Monsieur,

» La traversée du *Petersburg*, d'Ismaïlia à Port-
» Saïd, n'a rien présenté de particulier au point de
» vue maritime. Mais j'ai eu du capitaine des ren-
» seignements qui me paraissent élucider singuliè-

» rement la question du tonnage. Ces renseigne-
» ments se trouvent à peu près d'accord avec
» d'autres que j'ai eus il y a quelque temps, et tout
» me porte à croire qu'ils se rapprochent beaucoup
» de la vérité.

» Le *Petersburg* était chargé de jute, de soie et
» de thé indien, qui se vend en Angleterre le double
» du thé de Chine.

» Jaugé à 1064 tonnes, il avait à bord 2,077 ton-
» nes de chargement. Son fret, de Calcutta à Lon-
» dres, était de 9,000 livres, 227,430 francs; le fret
» de la jute est de 4 livres, 101 fr. 08 c. la tonne.
» Celui de la soie et du thé est de 5 livres, 126 fr.
» 35 c. la tonne. 692 tonnes de thé ou de soie et
» 1,385 tonnes de jute aux prix ci-dessus donnent
» 9,000 livres (1).

» Le droit payé par tonne au Canal par le *Pétersburg* est de 5 fr. 12 c. au lieu de 10 francs. Le
» prix de transport était autrefois plus élevé. Il y
» a cinq ans, le thé payait par steamer, en traver-
» sant l'Égypte, 12 livres de Shanghaï à Londres.
» L'an dernier, par les voiliers qui ont fait la course,
» il payait 7 à 8 livres par tonne (2).

---

(1) Le tonnage du navire, le tonnage net, était de .... 1.064 T.
Son chargement déclaré 2.077

Il a fait passer gratuitement .... 1.013 T.

C'est-à-dire tout son thé, toute sa soie et 321 tonnes de jute.

Différence dans le péage : 10,130 francs.

(2) Il résulte de ces faits, et il est essentiel de constater

» Pour l'Inde, Calcutta et surtout Bombay, l'avan-
» tage qu'il y a à passer par le Canal est considé-
» rable. Pour la Chine, le passage par le Canal ne
» diminue guère la traversée que de quinze jours.
» On passera néanmoins par le Canal, on tient en
» général à aller vite. En Chine et à Calcutta, un
» navire qui a une bonne renommée de marche est
» payé environ 10 shillings, 12 fr. 50 c. par tonne
» de plus qu'un navire ordinaire, du moins pour le
» thé et la soie (1). Pour les graines, il n'est pas
» payé davantage. »

» Chaque tonne du chargement du *Petersburg* de-
» vrait payer au Canal 4 fr. 88 c. de plus qu'elle ne
» paie. C'est insignifiant pour les marchandises avec
» des prix de transport de 101 fr., et de 126 fr. par
» tonne.

» Cette perte, pour la Compagnie, de 95,31 0/0 se
» retrouve — quoique beaucoup moins forte — pour

---

que, grâce au Canal de Suez, le commerce réalise déjà d'importantes économies sur le prix des transports. Il y a cinq ans, par vapeur, le fret de la tonne de thé et de soie était de 12 livres sterling en traversant l'Égypte. L'année dernière elle était par voiliers de 8 livres st. en doublant le Cap. Cette année, par vapeur, le commerce reçoit ces marchandises beaucoup plus vite, beaucoup plus sûrement et à 3/8 de rabais, par le Canal de Suez. Le commerce ne lui doit-il rien en retour d'un tel service?

(1) Ces 10 shillings de bonification font déjà plus que compenser le droit de 10 francs, même perçu sur le chargement réel.

» presque tous les navires, sauf les Messageries et » les Péninsulaires.

» En juillet 1871, les dossiers de 35 navires sur » 62 portent le chargement exact. Ces 35 navires, » parmi lesquels il y a cinq voiliers chargés de » houille, donnent une perte moyenne de 63 0/0 » pour la Compagnie.

» En août, ce sera plus fort (1), car les navires » chargés de thé portent plus du double de leur » tonnage. »

---

(1) La prédiction est déjà accomplie. Nous n'avons pas encore le tableau complet du transit par le Canal pour le mois d'août, mais voici un extrait du *Journal de Port-Saïd* du 10 août :

« Ont passé par le Canal :

» Le 2 aout, *Agamemnom*, vapeur anglais de 1,500 ton-» nes, venant de Hong-Kong, chargé de 3,600 tonnes de » thé ;

» Le 4 août, *Abbotsford*, vapeur anglais de 649 tonnes, » venant de Foo-Chow, chargé de 1,400 tonnes de thé ;

» Le 8 août, *Achilles*, vapeur anglais, de 1,550 tonnes, » chargé de 3,000 tonnes de thé et 28 passsagers ;

» Le 8 août, *Tchiatchoff*, vapeur russe de 1,197 tonnes, » venant de Hankoo, chargé de 2,664 tonnes de thé ;

» Le 9 août, *Glendarroch*, vapeur anglais de 954 tonnes, venant de Foo-Chow, chargé » de 2,100 tonnes de thé ;

» Le 9 août, *Tweed*, vapeur anglais de 852 tonnes, venant » de Canton, chargé de 1,740 ton nes de thé ».

La Compagnie a touché pour leur tonnage net..Fr. 67.540

Le droit perçu, d'après le chargement déclaré, eût été... .... 145.040

Différence au détriment de la Compagnie...... 77.500

Nous voilà déjà loin des 95 0/0 du *Petersburg*.

» Les graines s'exportent en grande quan-
» tité de l'Inde. Peuvent-elles, comme le thé et la
» soie, supporter le droit de 10 francs par tonne ?

» Il y a quelques jours, le *Sulina* traversait le
» Canal, chargé de césame, allant de Calcutta à
» Dunkerque. Le fret de ces graines était de cinq
» livres — 126 fr. 35 c. — par tonne. Je crois que
» le prix de 10 francs, *même par tonne réelle, n'a rien*
» *d'accablant pour cette marchandise.*

» Reste le charbon. Le *Pétersburg* l'a payé une
» livre et demie — 37 fr. 50 c. — la tonne à Calcutta,
» 54 schillings ou 68 francs, à Aden. C'est le prix
» ordinaire.

» Le charbon coûte, à la mine, 12 francs environ.
» Il reste donc pour Calcutta 25 francs de fret, et
» pour Aden 56 francs. Il est évident qu'un navire
» chargé de charbon pour Calcutta ne peut pas pas-
» ser par le Canal, quand bien même il ne paierait
» rien pour cela. Le charbon va comme lest sur
» des voiliers qui rapportent à bas prix des cotons
» ou des graines. Le prix des navires à voiles a baissé
» considérablement, des 4/5, dit-on, depuis l'ouver-
» ture du Canal. De magnifiques navires à voiles,
» qui faisaient la course du thé, portent aujourd'hui
» du charbon (1). *Ils iront ainsi jusqu'à la fin, mais*
» *ils ne seront pas remplacés.*

» Quand ces navires seront usés, il est probable

(1) Après de pareils faits, nous espérons qu'il ne sera plus possible de prétendre que la concurrence de la voile absorbe les chargements de la vapeur.

» que le prix du charbon augmentera considérablement dans l'extrême Orient. Mais il ne faut pas
» — à mon avis — s'exagérer l'augmentation de frais
» causée à un vapeur par le droit de transit du
» charbon par le Canal. Les derniers navires de la
» Péninsulaire, *Australia*, *Indus*, etc., etc., brûlent
» 33 tonnes par jour. Le droit de 10 francs par
» tonne réelle les grèvera de 330 francs par jour de
» chauffe. C'est assez peu à côté des frais de toute
» sorte qu'ils ont à supporter.

» Veuillez agréer, etc.

» *Signé :* CHARPY,

» *Lieutenant de vaisseau.*

» Pour copie conforme :

» DE ROUVILLE. »

Certes, après la citation de cette substantielle, véridique et très-utile pièce à joindre à l'enquête, nous nous croyons amplement fondé à déclarer qu'il y a lieu à rechercher et à organiser un système de perception moins dommageable à tous les intérêts.

Nous disons « moins dommageable », parce que, quoi que nous fassions, il y aura toujours, dans notre conviction, une portion de la recette réglementaire qui nous échappera. Notre ambition doit se borner, tout en rétablissant le régime des principes, à restreindre cette plaie des grandes exploitations dans des limites supportables.

Nous devons un instant nous arrêter à discuter les objections que nous connaissons. Jusqu'ici elles sont peu nombreuses.

On reconnaît le droit de la Compagnie à baser sa perception sur la capacité du navire.

Personne n'a pensé à lui dénier, en ce qui concerne les taxes qui lui sont attribuées, la faculté souveraine de remanier, de modifier — comme elle l'entend — ses règlements et ses tarifs, à la condition de se mouvoir dans la limite de la taxe de 10 francs « par tonne de capacité. »

On ne nous conteste même pas, qu'on nous passe le néologisme, la *désirabilité* d'une réforme dont il est impossible de ne pas ressentir la justice et la nécessité.

Les objections sont d'une autre nature. Elles ne touchent ni les principes, ni la légalité, ni l'utilité. Elles sont deux :

La première :

Une réforme rehaussant les recettes dans la limite du droit serait inopportune, parce qu'elle mécontenterait le commerce maritime et pourrait ramener ou conserver à la route du Cap et aux voiliers une grande partie de la navigation;

La seconde :

Les difficultés pratiques pour le fonctionnement de tout autre mode de perception que le mode actuel sont si grandes qu'elles aboutiraient presque à l'impossibilité, ou sinon à des lenteurs intolérables.

L'inopportunité! C'est une fin de non recevoir, et voilà tout.

Examinons-la :

L'inopportunité! En vérité, le moment est bien choisi pour se réfugier derrière un pareil argument. Pour nous, nous ne nous contentons pas d'invoquer l'opportunité, nous invoquons l'urgence, nous invoquons la suspension de paiement qui pèse déjà su nous, et à laquelle il faut mettre un terme, sous peine des plus désastreux embarras.

Quoi! Nous avons derrière nous une dette de quinze millions, nous avons devant nous plus de dix-sept millions de dépenses obligatoires; nos recettes ne couvrent pas ces dépenses, et tant que ces dépenses ne seront pas couvertes, il sera impossible de donner un centime d'intérêt à nos actionnaires, privés depuis bientôt deux ans de toute espèce de rétribution. C'est dans de telles circonstances qu'il serait « inopportun » de relever de 50 0/0 les recettes de la Compagnie en vertu de l'application juste et loyale de ses droits statutaires!

Jamais, au contraire, l'opportunité de la mesure n'a été plus éclatante à tous les points de vue.

Au point de vue des recettes, c'est incontestable, puisqu'elles sont insuffisantes pour parer aux plus étroites nécessités de l'entreprise.

Au point de vue du succès et de l'acceptation de la mesure, il est temps, juste temps, rien que temps. Plus tard il sera trop tard.

Nous n'hésitons pas à le prédire, si cette modification ne s'effectue pas maintenant, elle ne se fera jamais.

Si après deux ans d'expérience le système de perception au tonnage net est confirmé par la commission, il est désormais enraciné; de provisoire qu'il était, il devient définitif. Il n'est plus un expédient transitoire, il est un principe établi.

En supposant que, dans une période plus ou moins éloignée, la perception au tonnage net offrît des résultats suffisants pour couvrir la dette de la Compagnie, les frais de toute nature, et fournir aux actionnaires une rémunération honorable, même modérée, serait-ce le moment de promouvoir et d'installer des augmentations ? C'est alors que l'inopportunité serait manifeste et provoquerait une clameur de haro.

Si, quand le Canal ne produit pas assez, il est trop tôt, incontestablement il sera trop tard quand il produira suffisamment.

L'argument de l'inopportunité n'est bon qu'à enterrer la question et a lier pour très-longtemps au moins, probablement pour toujours, la Compagnie.

Nous insistons et nous prétendons que jamais la circonstance ne fut plus secourable à la Compagnie, pour justifier devant le commerce et lui faire accepter une mesure équitable, obligée, nécessaire.

D'abord, quelle réclamation honorable et loyale pourrait opposer le commerce honnête à un projet dont le premier résultat serait d'établir la concurrence dans des conditions plus vraies d'équilibre et d'égalité ? La preuve est faite maintenant que le tonnage net appliqué à la perception est un moyen constant de frauder les droits dus à la Compagnie ; la preuve est faite que le *tonnage net* n'est pas le *tonnage rèel;* la preuve est faite que sous le couvert du tonnage net, des centaines de milliers et plus tard des millions de tonnes de marchandises très-effectives passent et passeront le Canal *nettes* de toute espèce de péage ; la preuve est faite qu'en général le tonnage net est de 50 0/0 au-dessous du réel, c'est-à-dire de la contenance commerciale du navire. Eh quoi ! le commerce viendrait nous dire : sans doute nous vous devons 10 francs par tonneau de capacité pour notre passage. Mais nous entendons maintenir que cette prescription, soit erreur, soit fraude, nous donne le droit de faire passer en fait pour ce prix non un tonneau, mais deux tonneaux !

Que plus noble, plus vrai, plus solide et plus moral serait le langage que viendrait tenir au commerce la Compagnie au nom de ses actionnaires : « Nous vous avons créé au risque d'un énorme capital cette route abrégée entre les deux mondes, que les siècles regardaient comme un rêve. Au milieu des obstacles suscités à l'envi par la nature et par les hommes, rien ne nous a découragés ; après dix ans nous avons réussi. Ce chemin est ouvert ; dès à présent vous jouissez de ses avantages, de sa sécurité ; chaque jour vous en recueillez les bénéfices. Grâce à sa rapidité, vous recevez en trois semaines ou un mois les marchandises orientales qui, auparavant mettaient 3, 4 et 5 mois à vous parvenir. Le prix des frets et des transports rapides a diminué de moitié. Voilà votre part dans cette grande œuvre. Quelle est la nôtre jusqu'ici ? Si ce n'est encore la ruine, c'est au moins la détresse du présent.

« Par suite de toutes les complications dont une politique bien connue a entravé et aggravé notre travail, nous avons été réduits, pour l'achever, à contracter pendant cinquante ans une dette annuelle de 10 millions de francs. Bornés à des recettes incomplètes, nous sommes obligés de recourir à un nouvel emprunt pour payer l'intérêt de l'intérêt de cette dette. Depuis l'ouverture du Canal (novembre 1869), notre capital ne reçoit aucune sorte de rémunération. Ainsi, jusqu'à ce jour, à vous les bénéfices, à nous les charges des services que nous avons rendus à nos dépens. Les taxes dont nous nous sommes contentés sont en fait de beaucoup inférieures à celles que nos contrats nous autorisent à recevoir. Modérées et calculées au maximum de 10 francs par tonne de capacité relativement à une dépense évaluée à 200 millions, elles sont devenues un minimum rigoureux pour rémunérer humblement une dépense qui a monté à près de 500 millions. Vous nous devez une réciprocité ; vous ne voudrez pas vous enrichir de notre ruine, et nous n'y consentirions pas quand nous avons pour nous le droit, l'équité, la bonne foi, le service rendu. Sans aucun doute, nous entendons rester dans les limites que nous tracent à votre profit nos statuts et nos actes de concession ; mais pour la conservation de notre propriété, la plus belle des grandes routes maritimes et commerciales du monde, pour la première et modeste rémunération à 5 0/0 de nos capitaux souffrants et risqués, nous entendons aussi, jusqu'à ce que cette nécessité soit satisfaite, retirer de ce droit ainsi contenu tout ce qu'il doit sincèrement, légitimement donner, nous réservant de nous concerter de nouveau avec le commerce, quand ce résultat indispensable sera réalisé et assuré. »

Nous ne croyons pas que le commerce pût se montrer sourd à des représentations justifiées devant l'opinion publique par des considérations d'un tel poids. Ajoutons que le commerce n'est pas ausi intéressé dans le débat que les apparences le laissent supposer.

En effet, il y a ici deux intérêts qui sont loin d'être communs : celui des armateurs et celui des expéditeurs. Voyons les situations respectives telles qu'elles nous sont chaque jour constatées, par exemple, dans les annonces des journaux anglais. L'armateur annonce qu'il a un navire en charge, et c'est au concours partiel de plusieurs expéditeurs qu'il fait appel pour composer et compléter autant que possible son chargement. Naturellement, chaque expéditeur partiel vient faire son marché à part, et l'armateur ne manque pas de lui porter en première ligne, dans ses frais, les 10 francs par tonne qu'il doit acquitter pour son passage au Canal de Suez. L'expéditeur ne va pas, il ne peut pas s'informer si la cargaison est complétée jusqu'au tonnage net, ou au tonnage brut. L'armateur, naturellement, prélève le même péage sur tous. Dès qu'il a atteint son tonnage net, le surplus de droits qu'il s'est fait rembourser d'avance jusqu'à concurrence ou de son tonnage brut, ou de sa capacité entière est un bénéfice clair pour lui. L'expéditeur n'y gagne rien. C'est tout simplement une prime de 50 0/0 que l'armateur lève sur lui au détriment de la Compagnie.

Nous n'hésitons pas à dire que les choses doivent se passer de cette façon au moins pour 90 navires sur 100.

Quant aux armateurs, sont-ils satisfaits de leur

côté, de la position qui leur est faite ; si le tonnage net les favorise d'une part, ne leur est-il pas de l'autre une grosse pierre d'achoppement? Le tonnage net n'est-il pas contre eux une source de fraude, un instrument permanent dans la main de la concurrence déloyale, aux procédés de laquelle ils seraient même forcés de s'associer pour n'en pas être écrasés? Là-dessus, nous allons produire un document tout récent qui ne peut être accusé de partialité, car il émane d'un anglais, haut fonctionnaire de la Compagnie. Voici la lettre qu'à ce sujet écrivait au *Times*, le 26 juin dernier, sir Daniel A. Lange, représentant officiel de la Compagnie en Angleterre ; nous croyons utile de la reproduire en entier :

« *A l'Editeur du* TIMES.

» Monsieur,

» Il m'a été signalé, par de fortes maisons maritimes en Angleterre, que la Compagnie du Canal de Suez, au lieu de prélever les droits sur le tonnage net des navires, devrait les établir sur le tonnage brut, en diminuant au besoin quelque peu sur la somme du droit actuellement perçu.

» La raison alléguée, c'est qu'aujourd'hui tous les expédients possibles sont employés par les concurrents de ces maisons, pour rendre leur tonnage net aussi faible que possible.

» Par les règlements des douanes anglaises, si la chambre de la machine est d'une certaine dimension, le tiers du jaugeage du navire est déduit du tonnage brut. Ainsi, dans certains cas, un steamer d'environ 1,800 tonnes, au tonnage brut, par exemple, ne mesure plus que 1,200 tonnes pour les droits de passage par le Canal de Suez. Dans d'autres cas, les steamers sont mesurés tels qu'ils sont et les 1,800 tonnes représentent au tonnage net 1,500 tonnes.

» On se plaint dès lors que certains navires paient pour le passage du Canal 25 0/0 de plus que d'autres.

» Avec tous les désirs possibles de mettre tous les navires sur le même pied, il est visible que je ne peux pas exercer de contrôle sur les règlements existants des douanes permettant d'employer d'une façon pratique les expédients dont je viens de parler. Ou les douanes doivent modifier leur règlement par rapport à cette question, ou bien elle se résoudra elle-même en une question de temps pour tous les armateurs qui, en vue de leur défense personnelle, devront avoir recours à de semblables expédients. En ce cas, je prévois que la Compagnie du Canal de Suez éprouvera une perte non-seulement partielle, mais complète de 25 0/0 sur ses droits de passage, ainsi qu'il m'est indiqué.

» Je dois mentionner que les droits maintenant perçus par la Compagnie du Canal de Suez sont d'un tiers au-dessous de ce qu'elle est, par ses actes de concession, autorisée à exiger. Ces droits n'ont pas été surélevés malgré les vœux exprimés à cet effet par ceux qui ont encouru de grands sacrifices financiers pour fournir les fonds nécessaires à construire le Canal et qui, non sans raison, réclament l'adoption des mesures propres à assurer une meilleure rémunération aux capitaux déboursés. Quelques raisons que puisse opposer l'opinion contraire, je crois que le courant du trafic *traversant actuellement le Canal, ne serait pas détourné de sa direction actuelle, quand même la Compagnie percevrait à l'avenir 10 francs sur le tonnage brut* au lieu du tonnage net, et accroîtrait ainsi d'un tiers le revenu produit par le passage des navires à travers le Canal de Suez.

» J'ai l'honneur, etc.

» *Signé :* Daniel A. Lange.
» *Directeur anglais de la Compagnie*
» *du Canal de Suez.* »

Ainsi, la fraude dénoncée au représentant anglais de la Compagnie par de grandes maisons anglaises, la demande par ces maisons d'un changement dans notre mode de perception, l'opinion proclamée dans l'organe le plus répandu de l'Angleterre par notre représentant, sans contradiction aucune, d'apporter un allégement aux souffrances des capitaux qui se sont dévoués à notre entreprise si tourmentée, et surtout l'affirmation si nette que le commerce verrait sans déplaisir au mode de péage actuel la substitution d'une perception plus égale, plus équitable et plus favorable aux actionnaires, voilà qui est déjà une réfutation grave de cette assertion qu'une mesure semblable devait décourager et détourner la navigation de la route de l'isthme en faveur de la route du cap.

L'opinion contraire exprimée par sir Daniel Lange a été celle de l'unanimité des personnes étrangères à la Compagnie, très-compétentes et très-désintéressées dans la question, que nous avons consultées : négociants exportateurs, administrateurs de nos grandes Compagnies. Nous espérons qu'elles seront entendues dans l'enquête.

A propos de la lettre de M. Lange au *Times*, voici celle qu'écrivait au journal le *Canal de Suez* un important et fidèle actionnaire de la Compagnie. Nous la citons, parce que l'écrivain porte un témoignage oculaire et auriculaire :

« Il est temps de sortir de cette position, quelles que soient les appréhensions mal fondées que peuvent manifester quelques personnes craignan qu'un remaniement de tarifs pût détourner navigation. Nous n'avons rien à redouter de sem blable, attendu que l'intérêt du commerce et des armateurs est trop immense pour que nous puissions en augurer ainsi.

» Je dirai plus : dans le récent voyage que je viens de faire en Angleterre, j'ai eu plusieurs occasions de parler de notre Canal et du sujet qui m'occupe dans cette lettre. J'ai pu remarquer qu'au lieu de se plaindre du péage légitime qui leur serait demandé, les Anglais seraient plus disposés à blâmer nos fausses interprétations que nous suivons obstinément. J'ai entendu même exprimer des sympathies pour les porteurs de titres, victimes de ces malentendus.

» *Signé* : P. Barbet,

» *exportateur de chardons à lainer.* »

Au milieu de tous ces témoignages, il est peut-être à regretter que les employés supérieurs du transit dans l'isthme n'aient pas été interrogés. Nous n'avons guère jusqu'ici, pour nous éclairer sur leur opinion, que le rapport tout spontané de M. le lieutenant de vaisseau Charpy. Nous nous sommes fait un devoir de le reproduire plus haut.

Cependant, on est allé jusqu'à prétendre que la connaissance ou la présomption des intentions prêtées à la Compagnie avait produit, en Angleterre, une sorte d'ébranlement qui se serait traduit par un ralentissement de la navigation à vapeur dans les expéditions sur l'Inde.

Or, voyons ce nous apprennent les tableaux *officiels* dressés par le chef du bureau de notre exploitation à Paris.

Ces tableaux sont une nomenclature publiée tous les huit jours, des navires qui sont en charge, en partance ou en route pour l'isthme. Nous allons les résumer depuis le jour de la reprise de leur publication interrompue par la guerre ; cette reprise date du 13 juin et se continue ensuite hebdomadairement.

Résumé des tableaux hebdomadaires des navires en partance, etc. :

Juin..........	13 —	53 navires.
»	18 —	58 »
»	26 —	67 »
Juillet	4 —	76 »
»	11 —	78 »
»	18 —	111 »

JUILLET.......	27 —	....	93 navires.
AOUT.........	1er —	....	94 »
»	8 —	....	88 »
»	15 —	....	87 »
»	22 —	....	110 »
»	29 —	....	110 »
SEPTEMBRE....	6 —	....	112 »
»	13 —	....	111 »
»	20 —	....	108 »

La moyenne des trois semaines portées en juin donne un chiffre de 59; celle des trois semaines, de septembre, jusqu'à ce jour connues, est de 110. Par conséquent, le nombre des navires en partance pour l'isthme a presque doublé.

Du même bureau est émanée une liste plus complète des navires connus actuellement comme devant passer le Canal. Nous en copions le résumé, daté du 23 septembre :

« 1° Navires allant d'Europe en Asie, signalés avec date.................................. 76

» 2° Navires venant d'Asie en Europe, avec date.................................. 31

» 3° Navires signalés, mais sans date...... 23

» 4° Navires ayant passé de la Méditerranée à la mer Rouge, mais dont le retour n'est pas encore exactement signalé. »............ ... 69

Total......... 198

C'est donc prouvé : jamais l'impulsion de la navigation vers le Canal de Suez ne s'est aussi puissamment prononcée qu'au moment où on vient nous raconter qu'elle se déconcerte et recule.

Passons sans peur à côté des fantômes pour envisager froidement les réalités. Le vrai danger, le seul danger, ce serait l'obstination au *statu quo*.

Ce danger, il est lourd aujourd'hui ; tout se prépare pour le rendre peut-être mortel demain.

Une correspondance de Londres, 28 août, publiée par la *Patrie*, et constatant l'immense prépondérance que prend la vapeur en face de la décadence irrémédiable de la voile, contenait, après de nombreux détails statistiques, le paragraphe ci-après :

« *Les nouveaux navires construits sont énormes, mus par des machines qui arrivent à ne consommer que très-peu de charbon* ; ils sont organisés de telle sorte que le travail des équipages est très-simplifié pour les manœuvres. »

Ces constructions « énormes » datent déjà de 1870. Elles ont été mises en circulation maritime en 1871. Elle consomment très-peu de charbon ; par conséquent, elles doivent posséder une grande capacité de transport, contenir beaucoup de marchandises.

Ce fait de l'énormité des bâtiments actuellement employés au trafic entre l'Europe et les Indes, est encore attesté par une correspondance de Bombay, du mois d'août.

D'après ces renseignements, 29,023 navires, jaugeant ensemble 6,274,550 tonneaux (1), sont entrés ou sortis dans les ports de l'Inde. C'est, dit-il, une augmentation d'un million de tonnes depuis dix ans.

D'un autre côté, l'augmentation du chiffre de navires porteurs de ces 6,274,550 tonnes a suivi une marche diamétralement opposée à cette progression.

Pour un million de tonneaux de moins, le nombre des navires employés était, en 1861, de 47,632. Pour un million de tonnes de plus il est tombé, en 1870, à 29,023 navires. Cela prouve, ajoute l'informateur, que les navires ont augmenté *en capacité*. Nous voyons, en effet, dans nos ports, des navires voiliers ou vapeurs, PORTANT *jusqu'à 4,000 tonnes de marchandises*.

Nous ne supposons pas, d'ailleurs, que ce fait d'un grand accroissement dans la capacité des navires à vapeur passant par le Canal, puisse être contesté. Il ressort nettement des documents sur le transit de la Compagnie, en 1870 et 1871.

Rapprochons maintenant ces données certaines des indications et des avertissements fournis à notre représentant à Londres, par de grandes maisons de Hull et de Liverpool.

Rapprochons-les de tout ce qu'on voit et de ce qui est constaté tous les jours sur le Canal.

A mesure que la capacité des navires s'accroît, « des expédients sont employés pour rendre

(1) Le correspondant oublie de nous dire si ce tonnage a été pris sur le brut ou le net du jaugeage. Cependant, de l'un à l'autre de ces transports, il y a une grande différence.

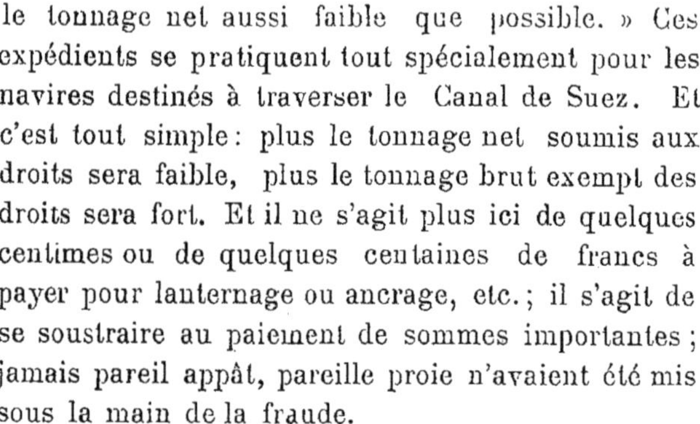

le tonnage net aussi faible que possible. » Ces expédients se pratiquent tout spécialement pour les navires destinés à traverser le Canal de Suez. Et c'est tout simple : plus le tonnage net soumis aux droits sera faible, plus le tonnage brut exempt des droits sera fort. Et il ne s'agit plus ici de quelques centimes ou de quelques centaines de francs à payer pour lanternage ou ancrage, etc. ; il s'agit de se soustraire au paiement de sommes importantes ; jamais pareil appât, pareille proie n'avaient été mis sous la main de la fraude.

La tentation est si attrayante, et la pente si douce, que les Gouvernements eux-mêmes s'y laissent naïvement aller. Nous avons cité la disposition légale par laquelle le Gouvernement autrichien limite à 50 0/0, c'est-à-dire autorise à pousser jusqu'à 50 0/0 la réduction privilégiée accordée aux machines des navires à vapeur, en ajoutant tous les accessoires et locaux qu'il peut être possible d'y annexer dans leurs dimensions les plus larges ; ce qui signifie qu'un navire jaugé brut à 2,000 tonnes, ce qui ne donne point toute la capacité du navire, ne paiera, en vertu de son tonnage net, son passage que pour 1,000 tonneaux, en portât-t-il 3,000. Et quel sera l'arbitre suprême du cas ? Le Gouvernement lui-même, qui aura décrété l'abus. En outre de quoi il n'aura qu'à faire un nouveau décret pour l'aggraver encore ; si mieux il n'aime laisser à ses jaugeurs le remords de leurs erreurs ou de leurs complaisances.

Nous avons déjà montré à quel degré montent ces abus du tonnage net. Nous n'invoquerons plus les tableaux du transit pour le premier semestre 1871, nous allons interroger une situation plus récente.

Nous possédons maintenant ces tableaux pour les mois les plus proches. On y va lire les empiètements continus du tonnage net sur le tonnage non pas réel encore, mais simplement déclaré. Sur 141 navires qui ont transité par le Canal dans les deux mois (juillet et août), 28 l'ont traversé dans les conditions suivantes :

28 navires tonnage déclaré......	62.972 tonnes,
— tonnage net.........	31.514 —
Exempts de tout droit ..	31.458 tonnes.

ou 100 0/0.

(1) Voici ce compte :

		Tonnage net.	Tonnage déclaré.
JUILLET.			
Atalanta...........	anglais	1478	2300
City of Poonah.....	id.	1456	2300
Arcot..............	id.	1231	2200
Strath-Clyde.........	id.	1254	2350
Entreprise...........	id.	1006	2000
Craighford..........	id.	862	1712
Ulysses.............	id.	1520	2600
Excelsior...........	id.	898	1500
Nector..............	id.	1522	3000
Danube.............	id.	561	1400
Alexandre-Lavalley...	français	839	2033
Cheops..............	anglais	983	2200
AOUT.			
Penguin.............	anglais	1122	2100
Agamemnon.........	id.	1550	3600

La recette sur ces 28 navires est de 315,140 francs au lieu de 629,720 francs, si nous avions perçu sur le tonnage simplement déclaré; différence 314,580 francs — 100 0/0.

Il est bien entendu que nous n'avons fait entrer dans ce calcul que les navires ayant un peu plus ou un peu moins de 100 0/0 de différence entre le tonnage net et le tonnage déclaré. Indépendamment de ces 28 navires, il y en a encore dans les deux mois 57 au-dessus du tonnage net, total 85 sur 121.

Il est incontestable, comme le disent les armateurs anglais, que ces exemples vont se suivre et que tout se prépare pour les suivre ; qu'il faut, d'ailleurs, ou renoncer à la concurrence ou les suivre.

		Tonnage net.	*Tonn. déclaré*
Abbotsford..........	anglais	649	1400
Achilles............	id.	1550	3000
Tchiatchoff..........	russe	1197	2664
Glendarroch.........	anglais	954	2100
Tweed.............	id.	852	1740
Lorne.............	id.	1034	2040
Pétersbourg.........	id.	1064	2000
Vanguard	id.	912	1800
Canton............	id.	1215	2350
Leith..	id.	957	1800
Diomed............	id	1201	2700
Emblehope.........	id.	1244	3000
Statesman..........	id.	1209	2600
Nestor............	id.	1414	2500
28 navires.		31514	62972

Ce sera à qui voudra faire comme les 28 navires notés ci-dessus ou comme l'Autriche, ou bien encore mieux que l'Autriche.

Procédons à un autre compte.

Pour joindre les deux bouts modestement, il faut à la Compagnie une recette totale annuelle de 30 millions. Ce compte le voici :

5.500.000 fr.	Frais d'entretien et d'administration;
12.000.000	Intérêts annuels de sa dette.
10.000.000	Intérêts de son capital social; 200 millions à 5 0/0.
27.500.000 fr.	
2.500.000 fr.	Fonds de roulement et constitution d'une petite réserve pour l'imprévu, toujours si nécessaire à prévoir. Nous ne pensons pas que personne puisse ne pas trouver ce dernier chiffre exact et modéré.
30.000.000 fr.	

Dans quelle période de temps espère-t-on obtenir ce revenu avec un tonnage net s'organisant de façon à mettre la Compagnie en déficit de 100 0/0, par rapport au tonnage effectif au tonneau de capacité ?

Pour réaliser nos 30 millions annuels, il nous faut un passage de 3 millions de tonneaux *effectifs*. Avec les allures que prennent dès à présent les armements maritimes, allures qui ne s'arrêteront que lorsqu'on voudra les arrêter, il en faudra 6 millions, si on leur laisse les coudées franches du tonnage net.

A ce prix, à quelle époque les actionnaires toucheront-ils un intérêt quelconque? A cette condition que vaudront les actions et combien durera la Société actuelle?

Avec le tonnage net, tout est remis au hasard, à la chance la plus douteuse. Avec le tonnage effectif, les recettes tout d'abord augmentent de 50 0/0, au très-grand *minimum*, et les «expédients» de la fraude pour l'avenir se trouvent déconcertés.

Nous le répétons, les craintes qu'on oppose à ce redressement nécessaire ne reposent que sur des suppositions contredites par le raisonnement et les faits. Les besoins financiers de la Compagnie sont d'exigentes et immédiates réalités.

Nous aurons à moins nous étendre sur l'objection tirée des difficultés qu'on prévoit à l'égard de l'exécution pratique de la mesure.

L'exécution pratique comporte un double agissement :

La détermination de la nature du tonnage net ou tonnage brut, ou tonnage de capacité sur lequel devra s'effectuer la perception du péage;

Le choix du tonneau-type destiné à ramener toutes les variétés du tonneau à la même unité.

Quant au droit de la Compagnie d'écarter la perception sur le tonnage net, il est incontestable. Bien plus, pour elle ce n'est pas seulement un droit, c'est un devoir. Elle se conformera aux prescriptions de sa loi statutaire.

Il n'y aura donc plus à se prononcer qu'entre le tonnage brut et le tonnage réel ou de capacité.

Quel que soit le choix, l'un et l'autre, d'abord, sont une amélioration considérable par rapport au tonnage net.

Le jaugeage brut est tout aussi facile à constater et reconnaître que le jaugeage net.

Il est loin d'être impossible de déterminer le tonnage de capacité d'après le tonnage net. On y pourrait arriver par la production des manifestes, en prescrivant certaines précautions et même des pénalités pécuniaires pour garantir leur sincérité et réprimer la fraude. On a parlé de l'intérêt du secret pour quelques expéditeurs. Nous croyons que ce secret ressemblera toujours un peu au secret de la comédie. Mais en ce qui concerne le passage par le Canal, ce secret sera très-facile à préserver. Il suffira d'interdire à la Compagnie de publier la nature de la cargaison transitante, toutes les fois que le capitaine ou l'armateur du navire le réclameront.

Un autre procédé consisterait à reconnaître, par la méthode que nous avons employée nous-mêmes dans ce rapport, c'est-à-dire en groupant les déclarations des capitaines, et les enquêtes des employés du transit, la différence moyenne qui existe entre le jaugeage et la capacité réelle, et à établir le droit à percevoir sur la contenance réelle en conséquence de cette moyenne.

La Compagnie, si ces procédés lui paraissent insuffisants, peut se réserver le moyen radical du mesurage des navires. Ce pourrait être la matière d'un règlement spécial à délibérer. La capacité du navire, une fois constatée, serait inscrite à toujours sur les registres du transit, sauf les modifications ultérieures qu'il pourrait recevoir. Le capitaine, s'il se croyait lésé par les estimations de la Compagnie, pourrait également réclamer ce mesurage.

Les dispositions nécessaires au règlement définitif à dresser par la Compagnie pourraient être concertées avec les représentants du commerce, non point dans leur principe, dont la détermination n'appartient qu'à la Compagnie, mais dans la méthode de leur application.

Il n'y a dans tout cela rien d'insurmontable, et les administrations ne sont pas créées pour ne faire que des choses absolument faciles.

En ce qui concerne le tonneau-type devant servir à tout ramener à l'unité et à l'égalité de la perception réelle, l'opération est simple.

On ne peut hésiter qu'entre deux variétés du tonneau : le tonneau français et le tonneau anglais.

C'est un choix à décider par le Conseil d'administration, assisté de la discussion et des lumières de la Commission d'enquête qu'il a appelée.

En réglementant elle-même les conditions du passage du Canal avec toute l'étendue de ses pouvoirs, dont la seule limite est celle que lui tracent ses contrats, la Compagnie ferait-elle un acte insolite ou excessif? Non, certes, elle ne ferait qu'imiter tout ce qui se fait autour d'elle.

L'Angleterre, dans les dix dernières années, a changé deux fois ses méthodes de jaugeage. L'Autriche vient, cette année, d'en faire autant pour la sienne. Pour les péages qui leur appartiennent, nous voyons les ports de l'Angleterre et d'ailleurs ne prendre conseil que de leurs lois locales et de leur propre intérêt. Le tonnage net, qu'on recommande pour le Canal de Suez, est repoussé comme base de perception dans l'Inde elle-même, et voici ce qu'écrivait au chef de notre transit en Égypte, en réponse à une question qui lui avait été adressée à ce sujet, une des maisons les plus importantes de Bombay, en relation avec notre Compagnie :

« Bombay, 12 février 1870.

» *Monsieur J. GUICHARD, chef du transit et de la*
» *navigation, à Ismaïlia.*

» ..... On ne reconnaît à Bombay aucune jauge
» officielle constatant le tonnage d'un vapeur,
» excepté seulement la jauge anglaise.
» Ainsi, on a *jaugé de nouveau* les vapeurs *Asie* et
» *Europe* (français). Mais le *Leith* (anglais) paie ses
» droits d'après le tonnage officiel, sans procéder à
» un nouveau jaugeage.
» Tout vapeur paie les droits de port sur son
» tonnage anglais, c'est-à-dire sur son *tonnage brut.* »

Sans doute les armateurs anglais doivent être bien édifiés de n'avoir à payer que sur leur tonnage net pour le passage du Canal, fait avec des capitaux français, lorsqu'ils paient chez eux, à Bombay, sur le tonnage brut.

Nous ne savons comment s'effectuent les perceptions dans les autres ports des Indes britanniques, mais nous ne croyons pas être téméraires en supposant que l'usage de Bombay est l'usage de tous.

Quant au système à choisir pour modifier le mode

de perception actuel, plusieurs projets ont été successivement examinés. Plus d'un débat sur ce sujet s'est déjà élevé au sein du Conseil d'administration et du Comité de direction de la Compagnie, et de ces délibérations une résolution provisoire paraît être sortie dès le mois de mars 1870. Elle est consignée dans une lettre du Président de la Compagnie, que nous allons reproduire, et qui prouvera que, de tout temps, la question a fortement préoccupé l'Administration :

« *Paris, 18 mars 1870.*

BASE DE LA PERCEPTION des DROITS DU TRANSIT.

» Monsieur Guichard,

» Nous nous proposons de régler, dans le prochain Conseil, le mode de perception auquel seront soumis les navires transitant par le Canal.

» Voici la base de perception qui nous paraît concilier tous les intérêts et qui reçoit une unanime approbation :

» 1° Nous percevrions dix francs par chaque tonne de marchandises réellement transportées, en prenant pour base de cette perception le manifeste du navire.

» 2° Cette perception ne pourrait jamais descendre au-dessous du tonnage officiel net, constaté sur les papiers du bord.

» 3° Les charbons seraient considérés comme lest et n'entraîneraient pas, en conséquence, une perception au-dessus du tonnage officiel net.

« Veuillez, dès le reçu de la présente lettre, me

» faire connaître télégraphiquement vos objections
» ou votre avis conforme.

» Il est indispensable, en effet, que je puisse, à
» l'Assemblée du 30 mars, dire à nos actionnaires
» par quel mode nous comptons remplacer la per-
» ception actuelle basée sur le seul tonnage officiel
» net, lequel nous est onéreux. »

Ces bases de la perception sont incontestablement une amélioration sur le régime qu'elles entendaient rectifier. Même elles contiennent en germe le principe de la perception selon la contenance du navire indiquée par les manifestes ; mais nous devons ajouter que, dans notre opinion, elles n'accordent pas à la Compagnie tous les avantages auxquels elle doit prétendre. Elles dérogent au principe primordial de notre loi constitutive, la soumission au droit de passage de la capacité du navire transitant.

Une autre proposition a été également présentée : c'est la substitution pure et simple du tonnage brut au tonnage net. Cette proposition déroge aussi aux principes de l'article 17 de l'acte de concession et cahier des charges de 1856.

Troisième proposition : le tonnage brut serait accepté comme minimum pour le droit de passage, et la Compagnie aurait le droit de choisir entre ce minimum et le chargement réel. Cette disposition serait peut-être la plus pratique et la plus raisonnable, sinon la plus absolument légale.

La quatrième, enfin, consisterait à s'en tenir complétement aux termes mêmes de l'acte de concession, c'est-à-dire au règlement du droit en raison de la capacité du navire vide ou plein. Nous avouons que dans l'état actuel des finances de la Compagnie, nos préférences se porteraient sur ce dernier projet, sauf à le remanier et à l'abaisser dès que les circonstances le permettraient, c'est-à-dire dès que les produits du Canal présenteraient un revenu suffisant et assuré pour couvrir toutes ses dépenses et offrir à ses actionnaires une rémunération convenable. Mais encore, en ce cas, nous voudrions maintenir le principe du paiement du droit en raison de la capacité du navire. Car, quelle est aujourd'hui la situation de la Compagnie? Pour la généralité des navires, le droit de passage qu'elle perçoit descend jusqu'à 5 et 4 francs; la moyenne est entre 6 et 7 francs, et cependant la Compagnie passe dans le commerce pour recevoir 10 francs par tonne.

Nous ne dirons que deux mots sur le choix du tonneau-type.

Quant au tonneau-type, presque toutes les préférences sont pour le tonneau anglais. On le dit plus exact; cependant, nous avons montré combien, dans ses applications, il était mobile et variable. Le tonneau français, à nos yeux, aurait plus d'un avantage: il est conforme à l'unité métrique, 1,000 kilog. ou 1 mètre cube d'eau. Ajoutons que le Gouvernement français a, jusqu'ici, reculé devant les inconvénients qu'il entrevoit s'il consent à remplacer le tonneau français par le tonneau anglais. Cela résulte de la réponse que le Ministre des Affaires étrangères a adressée, le 28 février 1870, au Président de la

Compagnie, qui demandait ce changement (1). C'est un point que la Commission aura à décider et qui ne peut pas prendre une importance de principe. Nous dirons seulement que la Compagnie est, en droit, parfaitement libre de choisir l'un ou l'autre.

Il ne nous reste plus maintenant qu'à résumer et présenter nos conclusions. Elles seront courtes, car notre travail en a été le développement.

CONCLUSIONS.

La perception en raison de la capacité réelle du navire est la seule conforme à la loi constitutive de la Compagnie.

Dans la limite de 10 francs par tonneau de capacité pour le droit spécial de la navigation, et sans limites pour les autres droits, la Compagnie est maîtresse de régler ses tarifs comme elle l'entend.

Elle est obligée de maintenir, par ces tarifs, la loyauté de la concurrence par l'égalité réelle du péage entre les pavillons et les navires du même pavillon.

---

(1) Voici à ce sujet comment s'exprimait le Ministre:
« On obtient, par le mode anglais de jaugeage, un nombre » de tonneaux moindre que par la méthode française, et » d'après des évaluations que je crois exactes, un navire » français de 1,000 tonneaux paie, pour transiter par le » Canal, à 10 francs par tonneau, 332 fr. 20 c. de plus que » ce que paie un navire anglais de même capacité. Toute- » fois, je désirerais n'être pas obligé, pour faire cesser cette » irrégularité, de recourir au moyen que vous avez suggéré. » Des négociations étant engagées pour l'adoption d'un » mode de tonnage international, il me paraîtrait inoppor- » tun d'en préjuger en quelque sorte le résultat, en ordon- » nant dès aujourd'hui l'application en France de la » méthode britannique. »

La perception par le tonnage net n'est pas compatible avec ces dispositions.

La perception par le tonnage net fait perdre dès à présent à la Compagnie au moins 50 0/0 des recettes réalisées, et cette perte menace de s'aggraver encore dans des proportions plus fâcheuses.

La perception, d'après les papiers de bord, met à la merci des Gouvernements et des jaugeurs l'augmentation ou l'abaissement des revenus de la Compagnie.

Le retour aux prescriptions de la loi constitutive de la Compagnie est juste, équitable, raisonnable, nécessaire.

Ce retour doit être adopté par le Conseil d'administration, défenseur naturel des intérêts des actionnaires.

Parmi les quatre systèmes de perception proposés, deux nous paraissent avoir droit à l'attention toute spéciale de la Commission :

Celui qui admettrait le péage de 10 francs sur le tonnage brut au *minimum*, avec préférence facultative de la Compagnie pour le prélèvement de 10 francs sur le tonnage réel ;

Et celui qui prélèverait tout simplement le droit en raison de la contenance du navire vide ou plein, soit en constatant cette contenance par le manifeste du navire, soit au moyen du mesurage réclamé, ou par la Compagnie, ou par le capitaine ou l'armateur du navire, aux frais du réclamant.

CHARLES LESSERPS,

Ancien Député, ancien Conseiller d'État.

PARIS. — IMPRIMERIE A. CHAIX ET Cie, RUE BERGÈRE, 20. — 8820-1.

IMP. A. CHAIX ET Cᵉ, RUE BERGÈRE 20. — 9326-1.